모르면 당하는 가맹사업 이야기

# 프랜차이즈 본부로 성장하기

권민준·김근호·김민규·윤수진·전민재

박영사

# 서문:
## 당신의 프랜차이즈 여정을 위한 필독서

성공적으로 운영 중인 가게의 문을 열 때마다, 많은 사장님들은 가슴 벅찬 꿈을 꿉니다. 정성으로 만든 메뉴에 열광하는 손님들, SNS를 뜨겁게 달구는 긍정적인 후기들, 그리고 멀리서 찾아오는 손님들을 보며 자연스럽게 이런 생각을 하게 됩니다. '이 성공을 더 많은 사람과 나눌 수는 없을까?', '전국 곳곳에 우리 가게의 간판을 달 수는 없을까?' 이 책의 주인공인 '김버거 사장님'처럼, 성공적인 매장 하나를 일궈낸 모든 사장님들의 마음속에는 프랜차이즈라는 달콤한 확장의 꿈이 자리 잡고 있습니다.

이 꿈은 결코 헛된 망상이 아닙니다. 대한민국에서 가맹사업은 이미 거대한 경제 생태계를 이루고 있습니다. 2024년 말 기준, 전국에는 약 8,800여 개의 가맹본부가 운영하는 36만 5천여 개의 가맹점이 운영 중에 있습니다. 이는 단순한 숫자를 넘어 수많은 창업가의 도전과 열정이 모여 만들어낸 결과물입니다.

하지만 이 화려한 숫자 뒤에는 우리가 반드시 직시해야 할 냉엄한 현실이 숨어있습니다. 최근 통계는 매우 의미심장한 변화를 보여줍니다. 전체 가맹점 수는 전년 대비 3.4% 증가하며 꾸준한 성장세를 보였지만, 가맹 브랜드 수는 통계 발표 이래 최초로 0.4% 감소했는데, 여기에서 우리는 이런 문제의식을 가졌습니다. 우리 가맹사업 시장에서도, 자연스레 시스템을 갖춘 진짜 '가맹본부'와 그저 '잘 되는 맛집' 또는 '그저 많은 가맹점을 모집하여 '한탕' 하려는 가맹본부'를 구분하여 솎아내기 시작한 것은 아닐까라는 생각입니다.

실패하는 브랜드는 꼭 서비스가 나쁘거나 맛이 없어서일까요? 물론, 정말 맛이나 서비스가 별로여서 망하는 경우도 있겠지만, 소위 '맛집'으로 알려져 가맹점을 모집해본 사장님들의 경우 결코 맛이나 서비스 때문에 실패하는 것은 아닙니다. 그렇다면, '혼자서는 잘 되던' 식당이 왜 프랜차이즈를 하면서 망가지게 되는 걸까요? 이는 바로 '잘 짜여진 시스템'을 마련하지 못하고, 그런 상태에서 당장의 이익을 위해 무리하게 가맹점을 확장하고 과도한 물류마진을 취하는 것에서 비롯되는 경우가 많습니다.

실제로 '잘 준비되지 못한' 가맹본부가 무리한 사업 확장으로 인해 분쟁에 휘말리는 경우가 너무나 많아졌습니다. 2024년 한 해에만 한국공정거래조정원에 접수된 가맹사업 관련 분쟁은 584건에 달합니다. 지방자치단체에 접수된 분쟁 건과 소송으로 인한 건까지 더하면 분쟁 수는 우리가 생각한 것보다 훨씬 많으며 그 수는 계속 늘어가고 있습니다. 이들 분쟁에서 가장 빈번한 사유는 '허위·과장 정보제공', '불필요한 필수품목 지정', '중도해지에 따른 과도한 위약금'입니다. '가맹금 면제, 소규모 투자에 높은 수익'이라는 말에 홀려 가맹점을 차렸지만, 보장했던 매출은 나오지 않고, 맛과 상관도 없거나 특색도 없으면서 너무 비싼 필수품목과 상담할 때 잘못 알려준 비용 구조 때문에 적자에 시달리다가 결국 가게를 접게 되고, 그러면 가맹본부는 자점매입이나 중도해지를 이유로 점주를 상대로 과도한 위약금을 청구하면서 분쟁이 계속되는 것입니다.

문제는, 규제기관과 법원이 이러한 프랜차이즈 본부의 무분별한 행동에 본격적인 제동을 걸기 시작했다는 점입니다. 공정거래위원회가 필수품목 관련 규제를 강화하고, 허위·과장의 정보제공 등 가맹사업법 위반에 대한 강력한 규제를 하는 것은 물론이고, 법원 또한 허위, 과장정보제공으로 인한 손해배상의 범위를 개점 비용에서 영업손실로 확대하면서, 그동안 참아왔던 점주들이 소송이나 신고 등을 통해 적극적으로 자신들의 권리구제를 시도하고 있습니다.

더욱 심각한 문제는, 많은 가맹본부가 의존해 온 낡은 수익 구조가 뿌리부터 흔들리고 있다는 점입니다. 2024년 실태조사에 따르면, 가맹점주의 78.7%가 본사가 지정한 '필수품목' 중에 불필요한 품목이 있다고 응답했으며, 55.2%는 필수품목의 비싼 가격 때문에 어려움을 겪고 있다고 토로했습니다. 공정거래위원회는 필수품목의 범위를 매우 좁게 보고 있고, 필수품목의 공급가격 산정방식과 변경 시 협의절차를 의무화하는 등 프랜차이즈 본부가 지금까지 쉽게 취했던 이익에 여러 제약을 두기 시작했습니다. 한편, 소위 '차액가맹금'이라 불리는 유통 마진에 대한 점주들의 불만에 대해서는 공정거래위원회보다 법원이 먼저 나섰습니다. 최근 법원이 점주의 동의 없이 취한 물류마진을 부당이득으로 보고 거액의 반환 판결을 내린 것이 바로 그것입니다. 이 판단은 기존의 불투명한 물류마진 수익 모델이 더 이상 지속 가능하지 않다는 점을 분명히 한 것으로 평가되었고, 이후 점주들의 소송이 줄을 잇고 있습니다. 이와 같은 규제기관, 법원의 입장과 점주들의 적극적인 문제제기는, 결국 기존 관행에만 의존하던 가맹본부의 존립 자체를 위협하고 있습니다.

이처럼 대한민국 프랜차이즈 시장은 기존 관행을 근본적으로 뒤엎는 '대전환기'에 직면했습니다. 기회와 위기가 뒤섞인 전쟁터가 된 프랜차이즈 시장에서 가맹본부로 성공하기 위해서는 과거의 안일한 방식을 답습해서는 안 됩니다. 무엇보다도 당장의 이익보다는, 탄탄한 운영 시스템, 투명한 수익 구조, 그리고 철저한 법적 준비라는 세 가지 무기를 반드시 갖춰야 합니다.

그래서, 과거와는 조금 다른 '성공방식'을 제시하기 위해 가맹거래사, 변호사, 노무사, 행정사, 가맹본부의 대표와 실무자들이 모였습니다. 지금의 대전환기에는, 가맹본부만 돈을 버는 '성공'보다는 건강하고 지속적인 '성장'에 초점을 맞춘 가이드가 필요하다고 생각했습니다. 이 책 『프랜차이즈 본부로 성장하기』는 이러한 생각에 초점을 두고 만들어진 책으로, 위에서 말한 세 가지 핵심 무기를 만드는 가장 확실하고 친절한 안내서입니다.

이 책은 '김버거 사장님'이라는 가상의 인물이 프랜차이즈 전문가인 '가맹거래사'와 만나 자신의 브랜드를 성공적인 가맹본부로 키워나가는 과정을 생생한 대화 형식으로 담아냈습니다. 독자 여러분은 김 사장님의 고민에 공감하고, 가맹거래사의 명쾌한 조언을 따라가며 프랜차이즈 사업의 시작부터 확장, 그리고 위기관리까지 모든 과정을 마치 1:1 컨설팅을 받듯 경험하게 될 것입니다.

이 책은 단순히 '무엇을 해야 하는가'를 나열하는 데 그치지 않습니다. 브랜드 철학을 세우는 법(Part 1), 맛과 서비스를 복제하는 시스템을 구축하는 법(Part 2), 정보공개서와 가맹계약서라는 가장 강력한 법적 방패를 만드는 법(Part 3), 그리고 점주와의 관계를 성공적으로 이끌어가는 법(Part 4, 5, 6)까지, 가맹본부 대표가 현장에서 마주할 모든 질문에 대한 구체적이고 실질적인 해답을 제시합니다.

이 책에는 당장 돈을 벌 수 있는 방법은 없습니다. 대신, 이 책은 가맹사업에 대한 막연한 꿈을 현실로 만들고, 수많은 시행착오의 시간을 줄여주며, 법적 분쟁이라는 암초를 피해 지속 가능한 성공의 항구로 당신을 안내할 것입니다. 이제, 당신의 브랜드를 전국적인 사랑을 받는 이름으로 만들어갈 여정을 시작할 시간입니다.

# 추천사

프랜차이즈는 대한민국 자영업 생태계에서 가장 역동적이고 중요한 분야 중 하나입니다.
전국 곳곳의 거리를 둘러보면, 우리 생활과 떼려야 뗄 수 없는 수많은 브랜드 간판들이 즐비하게 자리 잡고 있습니다.
그만큼 가맹사업은 개인 창업자에게는 안정적인 기회를, 본부에게는 확장의 가능성을, 소비자에게는 일정한 품질의 상품과 서비스를 제공하는 중요한 경제적 · 산업적 시스템이라 할 수 있습니다.
그러나 화려한 간판 뒤에 숨어 있는 현실은 언제나 녹록지 않습니다. 매년 수백 건의 가맹 관련 분쟁이 한국공정거래조정원과 지자체에 접수되고, 수많은 가맹점주와 본부 사이에서 갈등이 발생하고 있습니다.
분쟁의 상당수는 사실 특별한 이유에서 비롯되지 않습니다. 맛이 없어서 망하는 것도, 점주의 역량이 부족해서 무너지는 것도 아닙니다.
바로 '준비되지 않은 가맹본부'에서 출발하는 경우가 대부분입니다. 시스템은 허술하고, 수익구조는 불투명하며, 법적 리스크에 대한 대비도 없이 섣불리 확장을 선택하다 보니, 결국 본부와 점주 모두가 상처를 입는 악순환이 반복되는 것입니다.
저는 그동안 수많은 현장에서 가맹점주와 본부 사이의 갈등을 지켜보았습니다. 그때마다 절실히 느낀 점은, "프랜차이즈로의 확장은 결코 한순간의 열정만으로는 이룰 수 없다."라는 사실입니다. 제대로 된 준비와 철학, 그리고 전문가들의 조언이 반드시 필요합니다. 그런 점에서 이 책 『프랜차이즈 본부로 성장하기』는 22기 가맹거래사 7명의 동기들이 각자의 전문 분야에서의 경험과 지식을 쏟아 낸 매우 시의적절하고도 소중한 길잡이가 될 것이라 확신합니다.

이 책은 단순한 이론서가 아닙니다. '김버거 사장님'이라는 가상의 인물이 가맹거래사를 만나 성장해가는 과정을 통해, 독자는 자신이 실제로 컨설팅을 받는 듯한 경험을 하게 됩니다. 현장에서 가장 많이 부딪히는 고민들—브랜드 철학을 어떻게 세울 것인가, 맛과 서비스를 어떻게 표준화할 것인가, 정보공개서와 가맹계약서를 어떻게 준비할 것인가, 가맹점과의 관계를 어떻게 관리할 것인가—에 대해 구체적이고 실질적인 해답을 제시하고 있습니다.

특히 주목할 점은, 이 책이 강조하는 핵심 가치가 단순한 "본부의 성공"이 아니라 "본부와 점주의 동반 성장"이라는 점입니다. 공정성과 투명성에 기반하지 않은 가맹사업은 오래갈 수 없습니다. 당장의 이익을 좇기보다는, 신뢰를 쌓고 함께 성장하는 구조를 만들어야만 진정한 성공을 이룰 수 있습니다. 이 책은 바로 그 길을 가장 친절하고도 현실적으로 안내합니다.

오늘날 프랜차이즈 시장은 대전환기를 맞이하고 있습니다. 규제기관은 필수품목과 물류마진에 강력한 제동을 걸고 있으며, 법원 또한 점주의 권리를 적극적으로 보호하는 방향으로 판례를 축적하고 있습니다. 이제 과거의 불투명한 수익 모델과 무리한 확장 방식은 더 이상 통하지 않습니다. 본부가 살아남기 위해서는 반드시 새로운 길을 모색해야 합니다. 이 책은 그 길을 찾고자 하는 모든 이들에게 가장 든든한 나침반이 되어줄 것입니다.

저는 대한가맹거래사협회장으로서, 프랜차이즈를 꿈꾸는 모든 사장님들에게 이 책을 자신 있게 권합니다. 이 책을 통해 얻은 통찰은 단순히 사업의 성공을 넘어, 건강한 가맹 생태계를 만드는 데에도 기여할 것이라 믿습니다. 프랜차이즈는 '함께 성공하는 사업 모델'일 때 가장 빛이 납니다. 이 책이 그러한 동반 성장을 이루는 데 큰 힘이 되어주리라 확신합니다.

대한가맹거래사협회장<br>**이정명**

**이성훈**(세종대학교 경영전문대학원 교수)
프랜차이즈 산업은 고도의 지식산업이다. 장사로 돈 벌기가 아닌, 고도화된 시스템 사업이다. 많은 사람들이 부푼 꿈을 안고 프랜차이즈 산업에 뛰어든다. 성공한 사업가도 나오지만 대부분 실패의 쓴잔을 드는 경우가 허다하다. 이는 감에 의한 주먹구구식 경영에 기인하기 때문이다. 유통시장은 빠르게 변하고 소비자의 기호 또한 하루 앞을 내다보기 힘들다. 그럴수록 철저하게 데이터와 시스템을 기반으로 해야 한다. 저자들은 프랜차이즈 이론과 실무에서 남다른 열정과 전문성을 지니고 있다. 프랜차이즈에 대한 올바른 인식이 중요하다. 이번 책은 프랜차이즈 산업에 대해 알기 쉽게 접근함으로써 입문자에게 유용한 정보를 제공하고 있다. 저자들의 노고에 고마움을 표하며, 프랜차이즈 산업 발전에 분명 기여하는 저서가 될 것이라 믿는다.

**박호진**(한국프랜차이즈산업협회 사무총장)
한 그릇의 음식이 손님을 사로잡듯, 한 권의 책이 우리의 생각과 길을 바꿔놓을 때가 있습니다. 『프랜차이즈 본부로 성장하기』와 『프랜차이즈 점주로 살아남기』는 바로 그런 책이라고 생각합니다. 단순히 가게를 확장하는 방법을 넘어, 브랜드를 지키고 키우기 위한 과정을 보여주고 길을 알려주고 있습니다.
프랜차이즈의 길은 화려해 보이지만, 그 뒤에는 수많은 도전과 시행착오가 숨어 있습니다. 이 책은 그 길을 먼저 걸어본 전문가들의 목소리를 통해, 프랜차이즈 진입을 원하는 많은 분들에게 넘어야 할 장애물과 준비해야 할 무기를 생생하게 들려줄 것입니다.

**김삼희**[한국외식업중앙회 한국외식산업연구원 연구위원(본부장), 음식서비스 · 식품가공 인적자원개발위원회 사무총장]
오늘날 외식업은 인건비 · 임대료 상승과 원재료 가격 불안정, 소비자 기호 변화 등으로 치열한 생존 경쟁에 놓여 있습니다. 단순히 가게를 열었다는 사실만으로 성공을 기대하기 어렵습니다. 프랜차이즈 역시 '가맹만 하면 된다'는 단순한 기대와는 거리가 있습니다. 본부의 전략적 준비와 운영 표준화, 지속 가능한 지원, 점주의 학습과 실행 역량이 결합될 때 안정적 성장이 가능합니다. 준비와 안목 없이 뛰어든다면 실패 위험은 오히려 커질 수 있습니다.

『프랜차이즈 본부로 성장하기』와 『프랜차이즈 점주로 살아남기』는 외식업의 지속가능한 생존과 성장을 위한 구체적 해법을 제시합니다. 두 책은 본부와 점주의 시각을 아우르며, 함께 성장하고 상생하는 프랜차이즈의 본질을 보여줍니다.

성공은 우연이 아니라 준비와 전략의 결과입니다. 이 책은 외식업 경영자에게 꼭 필요한 나침반이 될 것입니다.

**이만재**[㈜고반홀딩스 대표이사]

이번 신간은 단순한 '프랜차이즈 본부 성공 매뉴얼'을 넘어섭니다. 현장에서 직접 부딪히며 쌓은 생생한 경험과 법·제도에 대한 깊은 통찰이 결합된, 살아 움직이는 실무 지침서입니다.

저자들은 가맹거래사, 변호사, 노무사, 행정사, 그리고 가맹본부 대표와 실무자로 활동해온 이들로, 책 속에서 화려한 성공담이 아닌 가맹사업이 안고 있는 현실적 위험과 이를 극복하기 위한 시스템적 해법을 풀어냅니다.

무엇보다도 「가맹사업법」을 토대로 점주와 본부가 함께 성장할 수 있는 길을 제시하기에, 브랜드 창업가·경영자는 물론 현장에서 고군분투하는 모든 리더에게 반드시 필요한 안내서라 할 수 있습니다.

**조강훈**[㈜외식인 FC다움 대표]

프랜차이즈 산업은 내수시장의 한 축으로 끊임없는 변화와 도전에 직면하고 있습니다. 현 시점에서 프랜차이즈 본부의 성패는 단순한 브랜드 운영이나 영업력에 달려 있지 않습니다. 무엇보다 중요한 것은 법과 제도를 기반으로 한 체계적인 시스템과 지속 가능한 운영 구조입니다. '프랜차이즈

본부로 살아남기'는 그 핵심을 바로 가맹거래법 기반의 운영에서 찾습니다.
가맹거래법은 가맹점 생애주기의 모든 단계에서 본부와 가맹점이 반드시 지켜야 할 최소한의 기준이며, 동시에 공정하고 지속 가능한 관계를 구축하기 위한 출발점입니다. 이는 본부가 본부답게, 가맹점이 가맹점주답게 역할을 다할 수 있도록 돕는 전략적 소통의 기준이자, 단순한 규제를 넘어 성장과 생존을 위한 토대라 할 수 있습니다.
이 책은 법적 기준을 단순히 설명하는 데 그치지 않고, 이를 어떻게 운영 시스템에 내재화하고 실제 현장에서 적용할 수 있는지를 이해하기 쉽게 다루며, 급변하는 시장 환경 속에서 본부가 반드시 갖추어야 할 리스크 관리 체계, 프로세스 표준화, 데이터 기반 의사결정 구조를 설계할 수 있도록 실질적인 통찰을 제공합니다.
또한 현재의 본부와 예비 창업자 모두에게 "왜 본부다움이 중요한가"라는 질문에 대한 명확한 해답을 제시하며, 앞으로 프랜차이즈 산업이 나아가야 할 방향을 구체적으로 보여줍니다.
만약 살아남는 것을 넘어 변화를 주도하고자 한다면, 이 책은 그 여정을 안내하는 실행 지침서가 될것 입니다.

# 차례

# 일러두기

## 1. 여기서 잠깐!

본문의 대화만으로는 다루기 어려운 핵심 법률 용어, 반드시 알아야 할 공정위 심결례나 법원 판례와 같이 실무에 바로 적용할 수 있는 정보 등 깊이 있는 배경지식을 제공합니다. 이 코너를 통해 독자 여러분은 프랜차이즈 사업의 법적 토대를 단단히 다지고, 대화의 맥락을 더욱 풍부하게 이해하게 될 것입니다.

여기서 **잠깐!**

공정위 심결례에 따르면, 외형상 위탁관리계약 형태를 취하더라도 영업이익과 손실, 재고손실, 개설 · 운영 비용의 부담 주체가 가맹점사업자이고, 계약서상 가맹비 및 교육비 명목의 금원이 지급되었으며, 대외적으로 '창업'을 홍보하는 등 그 실질이 가맹사업에 해당하는 경우에는 가맹사업법이 적용되는 가맹사업으로 봅니다.

(공정위 2017. 8. 9. 의결 2017-080)

## 2. 전문가 코멘트

이 책의 핵심 멘토인 '가맹거래사'가 다년간의 실무 경험을 바탕으로 전하는 전략적 통찰과 조언입니다. 법 조항이나 이론만으로는 알 수 없는 현장의 미묘한 지점들을 짚어주며, 독자 여러분이 더 현명한 의사결정을 내릴 수 있도록 돕는 나침반 역할을 합니다.

체크리스트에서 3개 이상 'No'가 나왔다면 지금 당장은 가맹사업 추진에 속도를 내기보다는, 본사 시스템을 다지는 작업을 우선해야 합니다. 내부 준비가 부족한 상태에서 무리하게 가맹점을 모집한다면, 나중에 더 큰 문제에 부딪힐 수 있습니다. 한두 개 매장을 더 운영해보거나, 직영점 형태로 시범 운영을 해보면서 시스템을 보완하는 것도 좋은 방법입니다.

## 3. 핵심 정리

각 장이나 중요한 주제가 끝나는 지점에서, 반드시 기억해야 할 핵심 내용을 간결한 체크리스트 형식으로 요약했습니다. 복잡한 논의 속에서 길을 잃지 않도록 중요한 이정표 역할을 하며, 책을 다 읽은 후에도 필요할 때마다 빠르게 찾아보며 복습할 수 있도록 구성했습니다.

**핵심 정리**

- ✓ '관행에 따른다', '협의하여 결정한다'와 같은 모호한 표현은 피하고, 모든 권리와 의무, 비용, 절차를 구체적인 수치와 명확한 문장으로!
- ✓ 정기적으로 계약서의 내용을 검토하고, 법률 전문가의 자문을 받아 최신 법규와 판례의 경향을 반영하여 계약서를 지속적으로 업데이트할 것!
- ✓ 법을 지키는 것을 넘어, 가맹점주와 끊임없이 소통하고 합리적인 기준을 만들어나가는 노력이 장기적인 브랜드 성공의 열쇠!

## 4. 실무 Point

이론을 넘어 당장 사업에 적용할 수 있는 구체적인 행동 지침과 체크리스트를 제공합니다. 정보공개서 작성부터 매장 오픈 준비, 가맹점과의 분쟁 관리까지, 각 단계에서 놓치지 말아야 할 실무적인 팁들을 담아 독자 여러분의 성공적인 프랜차이즈 운영을 돕습니다.

**실무 Point**

**계약체결 과정에서 챙겨야 할 사항**

- 계약체결 전 제공서류 3종(정보공개서, 가맹계약서, 인근가맹점현황문서)은 전자제공 이력 + 서명일자 확인 필요정보공개서 제공 후 14일 숙고기간은 원칙 / 가맹거래사 또는 변호사 자문 시 7일로 단축 가능
- 계약 당사자 명의가 변경된 경우에도 공동 열람 + 전자 재제공 + 서명 이력이 명확하면 유효
- 실제 계약 전에는 법률 검토 확인서 / 제공이력 스크린샷 / 전자서명 인증자료 보관 필수

# 주요 등장인물

**김버거 사장님:** '진심'으로 버거를 만들고, '책임감'있는 가맹사업을 준비하며, 지속 가능한 성장을 추구하는 실천형 사업가. '상생버거'라는 수제버거 매장을 운영하며 장사를 통해 인생의 의미를 찾아가는 인물. 단순한 맛집을 넘어, 시스템을 통해 브랜드의 맛과 품질을 통일하고, 더 많은 사람들과 그 가치를 나누고자 프랜차이즈 사업 확장을 꿈꿉니다.

**가맹거래사:** 직접 가맹본부를 창업하고 운영한 실전 경험과, 다수의 프랜차이즈 컨설팅을 수행해온 실무 중심의 전문가. 김버거 사장님의 브랜드가 시장에서 오래 살아남기 위해 꼭 필요한 법적 요건과 절차는 물론, 시스템 구축, 운영 전략까지 현실적이고 실행 가능한 조언과 방향을 제시하며, 가맹본부 창업 여정의 핵심 파트너 역할을 합니다.

**민지 씨:** 김버거 사장님 직영점에서 오랜 기간 근무한 '최장수 알바생'. 대학 졸업 후 취준생 시절, 동네에서 유명해진 상생버거에서 김 사장이 직접 만든 시그니처 버거를 먹고 감동을 받아 그 자리에서 알바생을 지원했다. 이후 탁월한 센스와 감각으로 김버거 사장이 상생버거 가맹사업을 창업하는 과정

에서 큰 도움을 주었고, 이후 상생버거 가맹본부의 슈퍼바이저로도 큰 역할을 하여 슈퍼바이저 팀장까지 된다. 상생버거 가맹본부 내에서 알바생의 신화 같은 존재.

**민가맹 씨:** 가맹본부의 합리적 정책은 따르지 않으면서 불만만 제기하는 문제적 점주. 결국 자신의 잘못으로 계약이 해지되자, 같은 자리에 동일한 햄버거 가게를 차려 끝까지 가맹본부에 골칫거리를 안겨준다.

**전가맹 씨:** 가맹사업 초창기부터 거래해온 의리의 점주이나, 가맹본부의 패티 조리 매뉴얼을 따르지 않고 고집을 부려 결국 김버거 사장으로부터 계약 갱신 거절 통보를 받게 된다.

# 법령 등 약어표

「가맹사업거래의 공정화에 관한 법률」⇨ 가맹사업법
「독점규제 및 공정거래에 관한 법률」⇨ 공정거래법
「약관의 규제에 관한 법률」⇨ 약관규제법
「대리점거래의 공정화에 관한 법률」⇨ 대리점법
「부정경쟁방지 및 영업비밀보호에 관한 법률」⇨ 부정경쟁방지법
공정거래위원회 ⇨ 공정위
한국공정거래조정원 ⇨ 조정원

※ 본 책의 등장인물, 사건, 지역 이름, 사건 등은 모두 가상(fiction)이며, 공정위 심결례, 법원 판례에서 다루어진 사례 이외에는, 설사 실제와 유사한 명칭이나 사건이 있더라도 우연의 일치일 뿐입니다.

PART 01

# 프랜차이즈의 시작: 왜 프랜차이즈 사업을 하고 싶은가?

## 1-1 왜 프랜차이즈 사업을 하고 싶으세요?

그날도 평소처럼 점심 장사를 마치고 가게를 정리하던 오후, 김버거 사장은 며칠 전 친구의 소개로 프랜차이즈 경험이 많은 가맹거래사와 가게 한쪽 테이블에 마주 앉았다. 김 사장은 단순히 "장사가 잘 되니 지점을 내볼까 하는데 어떻게 하면 되나요?" 정도의 조언을 들으려는 자리라 생각하고 있었다. 하지만 미팅이 시작된 지 10분도 채 되지 않아, 가맹거래사는 전혀 예상치 못한 본질적인 질문을 툭 던졌다.

*"김버거 사장님, 그런데 왜 프랜차이즈 사업을 하고 싶으세요?"*

그 질문은 마치 가슴을 쿡 찌르는 듯한 느낌이었다. 순간 말문이 막혔다. '그냥 장사가 잘 되니까'라고 답하기엔 너무 단순하고, '돈을 벌고 싶어서요'라고 말하기엔 왠지 속물 같았다. 가맹거래사는 말없이 기다렸다. 마치 선생님이 진심 어린 대답을 기대하는 표정이었다. 그 질문 하나에, 김 사장의 머릿속은 과거의 기억들로 가득 차오르기 시작했다.

어릴 적, 김 사장은 부모님이 운영하던 '상생버거'라는 작은 수제버거 가게에서 자랐다. 촌스러운 이름이었지만, 가족이 함께 만들어서 그런가 보다 하고만 생각했다. 15평 남짓한 가게에서 아버지는 패티를 굽고, 어머니는 환한 미소로 손님을 맞이했다. 어린시절 김 사장은 방과 후에 주방 한 켠에 놓인 받침대 위에서 토마토를 씻고, 양상추를 다듬고, 포장지에 버거를 싸는 것이 일상이었다. 철판에서 지글거리는 소리와 고소한 향기는 그의 유년기 배경음악이자 기억 속 향수였다.

고등학생이 되어서도 주말마다 가게를 도왔고, 종종 부모님 없이 혼자 매장을 운영하기도 했다. 손님이 많지 않던 어느 토요일 오후, 라디오에서 잔잔한 노래가 흘러나오고 있었다. 그는 분주히 패티를 뒤집고 번을 굽고 있었지만 가게안은 이상하리만큼 평온했다. 그 순간, 그의 마음을 채운 생각은 단순했다.

*"많이 안 팔려도 괜찮아. 내가 만든 버거를 누군가 맛있게 먹고 나가면 그걸로 충분해."*

그 무렵부터 김 사장은 메뉴에 작은 실험을 더하기 시작했다. 패티 대신 불고기를 넣거나, 번에 먹물을 넣어보는 식이었다. 한번은 소고기 패티에 돼기고기를 섞어보기도 했다. 아이디어가 떠오르면 부모님께 제안했고, 때론 직접 샘플을 만들어 단골 손님들에게 시식하게 했다. 그렇게 시작된 한우 불고기 버거는 젊은 손님들에게 큰 호응을 얻었다. 작은 실험과 노력이 손님들에게 인정받는 경험은 그에게 짜릿한 기쁨마저 안겨줬다.

대학교에 진학한 이후에는 아버지의 건강 문제로 인해 가게 운영을 도맡게 됐다. 전공을 살려 SNS 운영과 브랜드 이미지 개선에도 힘썼다. 가게 이름을 딴 계정을 만들어 사진과 소식을 올리고, 포장지 디자인도 스스로 리뉴얼했다. 유니폼 앞치마, 테이크아웃 컵, 가게 로고까지 하나씩 손봤다. 그 변화는 손님들도 알아보기 시작했다. "디자인이 힙한데?", "포장지 예쁘네요."라며 사진을 찍는 손님들이 늘어났고, 그는 그때 처음 '브랜드'라는 개념을 실감했다. 물론 '김버거'라는 내 이름도 유명세를 올리는 데 한몫 했다.

그러던 중, 인스타그램에 올린 '트리플 치즈 불고기 버거' 단면 사진이 폭발적인 반응을 일으켰다. 수만 회 공유, 수천 개의 좋아요, 그리고 쏟아지는 댓글과 DM(다이렉트 메시지)으로 전에 없던 문의가 빗발쳤다.

*"우리 동네에도 생기면 좋겠어요."*

*"다른 지역에 출점할 계획은 없나요?*

*"프랜차이즈 하실 생각 없으세요?"*

그 반응은 김 사장에게 신선한 충격이었다. '잘 되는 가게'라는 자부심은 있었지만, 다른 지역에까지 매장을 바란다는 목소리는 완전히 새로운 차원의 요청이었다. 그때부터 '우리 가게가 전국적인 브랜드가 될 수도 있겠구나' 하는 생각을 하기 시작했다.

'프랜차이즈'라는 단어는 물론 익숙했다. 하지만 그 진짜 무게를 느끼게 된 건 그때부터였다. 이후 그는 프랜차이즈 관련 책을 찾아 읽고, 유명 CEO 인터뷰 영상을 찾아보고, 직접 프랜차이즈 매장을 찾아가 관찰하기 시작했다. 차이가 분명했다. 성공한 프랜차이즈 매장은 어디든 서비스와 맛이 동일했고, 철저한 시스템으로 움직이고 있었다.

그러던 중, 어느 책에서 발견한 문장이 김 사장의 가슴을 강하게 때렸다.

***"프랜차이즈는 음식을 파는 게 아니라, 시스템을 파는 일입니다."***

그 문장에서 김 사장은 깊은 통찰을 얻었다. 그간 자신이 해온 건 잘되는 가게 하나를 운영하는 '장사'였다면, 앞으로 하려는 건 **시스템을 설계하는 사업**이라는 사실을 깨달은 것이다. 그때부터 김 사장은 스스로에게 질문을 던졌다.

*"내가 없어도 매장이 제대로 운영될 수 있을까?"*

*"음식 맛이 매장마다 다르면 어떻게 하지?"*

*"직원 교육은 누가, 어떻게 해야 하지?"*

*"어떻게 수많은 식재료를 차질 없이 여러 지역에 공급하지?"*

이런 질문은 단순한 '장사'의 고민이 아니었다. 매뉴얼이 필요했고, 시스템이 필요했다. 그렇지 않으면 사업을 시작하기도 전에 실패할 수 있다는 불안감이 밀려왔다. 하지만 이상하게도 그 도전은 가슴 뛰는 일이기도 했다. 자신이 가진 모든 노하우를 하나의 작품처럼 체계화하는 그 과정은 새로운 열정을 불러일으켰다.

***"누구나, 나처럼 만들 수 있어야 한다."***

그것이 김 사장이 마음속에 세운 목표였다. 결국 부모님께 조심스레 계획을 밝혔다. 부모님은 놀라셨지만 진지한 이야기를 들은 후엔 응원의 마음을 보였다. 아버지는 "쉽지 않은 길일 거야."라며 조심스레 조언했고, 어머니는 "뭐든 도와줄게."라고 따뜻하게 응원했다. 김 사장도 그 자리에서 약속했다. 가족이 함께 일군 작은 가게를 전국에서 사랑받는 브랜드로 성장시키겠다고.

그렇게 김 사장의 프랜차이즈 여정이 시작되었다. 두려움도 있었지만, 잘해낼 수 있다는 묘한 확신도 함께였다. 그리고 몇 주 뒤, 본격적인 상담을 위해 프랜차이즈 전문가인 가맹거래사와의 미팅을 잡았고, 지금 바로 그 자리에서, 김 사장은 지난 모든 이야기를 마음속으로 정리하고 있었다.

## 1-2 브랜드의 확장, 직영점 vs 가맹점

짧은 정적 후, 김 사장은 조용하지만 단단한 어조로 입을 열었다.

**사장님:** 솔직히 말씀드리면요… 돈을 벌고 싶어서는 아닙니다. 제 버거를 먹고 사람들이 작은 기쁨을 느끼는 것을 보니 더 많은 사람들에게도 전달하고 싶더라고요. 그리고 지금은 저 혼자 잘되는 가게 하나지만, 이 방법

을 체계화해서 다른 분들도 같이 성장하면 더 큰 보람을 느낄 수 있을 것 같아서요.

**가맹거래사:** (미소 지으며) 그 말씀에 진심이 담겨 있다는 게 느껴지네요. 프랜차이즈는 남에게 시스템을 나눠주는 사업이거든요. 하지만 이건 아직 작은 시작일 뿐입니다. 이제부터는 '어떻게' 프랜차이즈를 할 것인지, 현실적이고 구체적인 이야기를 해보죠. 혹시, 매장을 확장하는 방식에는 크게 두 가지 길이 있다는 건 알고 계시나요? 하나는 본사의 자본으로 직접 지점을 내는 직영점 방식, 다른 하나는 가맹점사업자들과 함께 확장하는 프랜차이즈 방식입니다.

**사장님:** 네, 고민 많이 해봤습니다. 솔직히 말씀드리면 저도 처음엔 2호점을 직영으로 내볼까 생각했어요. 그런데 제 자본과 인력만으로는 여러 지점을 감당하기 어렵겠더라고요. 그래서 지금은 가맹점 모집 쪽으로 방향을 굳혔습니다.

**가맹거래사:** 현명한 판단이십니다. 각각의 방식에는 장단점이 있어요. 제가 간단한 표로 정리해드릴게요. 천천히 설명드릴 테니 메모도 같이 해보세요.

■ **직영점 vs 가맹점 확장 방식 비교**

| 구분 | 직영점 | 가맹점 |
|---|---|---|
| 투자 비용 | 본사 전액 투자(자본 부담 큼) | 가맹점주 투자(자본 부담 작음) |
| 관리 통제 | 직접 관리 가능 | 매뉴얼 기반 간접 통제 |
| 확장 속도 | 느림(자본, 인력제약) | 빠름(점주 자본 활용) |
| 수익 구조 | 영업이익 전부 본사 몫 | 로열티 기반 수익 |
| 리스크 | 손실 전부 본사 부담 | 브랜드 통일성 유지가 어려움 |
| 시스템 필요성 | 자연스러운 노하우 전수 | 매뉴얼/교육 등 체계 필수 |

여기서 **잠깐!**

공정위 심결례에 따르면, 외형상 위탁관리계약 형태를 취하더라도 영업이익과 손실, 재고손실, 개설 · 운영 비용의 부담 주체가 가맹점사업자이고, 계약서상 가맹비 및 교육비 명목의 금원이 지급되었으며, 대외적으로 '창업'을 홍보하는 등 그 실질이 가맹사업에 해당하는 경우에는 가맹사업법이 적용되는 가맹사업으로 봅니다.

(공정위 2017. 8. 9. 의결 2017-080)

**가맹거래사:** 여기 보시면요, 특히 '시스템 필요성' 항목을 눈여겨보셔야 합니다. 직영 사업은 내 직원들이 운영하니 내가 직접 가르치고 통제하면 됩니다. 그런데 프랜차이즈는 타인이, 그러니까 가맹점주가 내 브랜드를 대신 운영하는 거예요. 그래서 시스템 없이는 통제가 불가능합니다.

**사장님:** 그렇네요. 지금은 가게 하나니까 제 생각대로 운영해도 되지만, 다른 점주님이 제 방식을 그대로 따라 하기란 어렵겠죠.

**가맹거래사:** 바로 그겁니다. 프랜차이즈는 흔히 브랜드를 판다고들 말하지만, 사실 진짜로 파는 건 브랜드 뒤에 숨은 시스템이에요. 가맹점사업자는 그 시스템에 투자하는 거구요.

***"가맹점사업자는 시스템에 투자한다."***

**사장님:** 제조업은 공장에서 똑같이 찍어낼 수 있지만, 외식업은 아무래도 사람이 하는 거니까 똑같이 만들어 내기는 힘들 것 같아요.

**가맹거래사:** 맞습니다. 공장에서 기계로 상품을 찍어내는 것과 달리, 외식업은 주방에서 사람이 직접 조리하고 고객에게 서비스를 제공합니다. 그래서 사람을 통해 품질을 복제하는 것이 핵심이고, 이게 바로 시스템입니다. 우리가 조리법부터 응대 매너까지 모두 문서화하고 매뉴얼화해야 하는 이유이기도 합니다.

**사장님:** 지금까지는 제가 그때그때 감으로 했는데, 이제부터는 이 모든 걸 문서로 만들어야겠네요.

**가맹거래사:** 네. 그래서 가맹본부를 운영하기 위해서는 다음의 3S에 기반한 시스템이 필요합니다.

■ **가맹 본부 시스템 기본 원리(3S)**

| 구분 | 의미 |
|---|---|
| Standardization(표준화) | 동일한 외관과 통일된 상품/서비스 제공 |
| Simplification(단순화) | 누구나 쉽게 실행할 수 있도록 매뉴얼화 |
| Specialization(전문화) | 가맹본부와 가맹점의 분업화를 통한 효율성 증대 |

**가맹거래사:** "표준화, 단순화, 전문화" 이 세 가지 요소는 프랜차이즈 시스템을 만들기 위해 사장님이 꼭 기억하셔야 할 가장 기본적인 요소입니다.

**사장님:** 정말 프랜차이즈란 게 단순히 가게를 늘리는 일이 아니네요. 하나의 사업, 하나의 시스템을 세우는 일이었군요.

**가맹거래사:** 맞습니다. 그래서 프랜차이즈 사업의 시작은 바로 이런 대화에서부터 출발합니다. 이제 저와 함께 차근차근 하나씩 만들어가면 됩니다.

**사장님:** (미소 지으며) 좋아요. 어디부터 시작하죠?

## 1-3 우리 브랜드는 프랜차이즈가 가능한 구조인가요?

**가맹거래사:** 사장님, 잠시만요. (노트를 펼치며) 우리 브랜드는 과연 프랜차이즈가 가능한 구조인가요?

**사장님:** (한참을 고민하며) 글쎄요… 버거 맛과 인기는 자신 있지만, 이걸 남

에게 맡겨도 지금처럼 운영이 될지 자신은 없어요. 아직 대부분의 운영이 제 손을 거치고 있거든요. 조리, 신메뉴 개발, 직원 교육까지 다 직접 해요. 그게 문제겠죠?

**가맹거래사:** 맞습니다. 맛있는 가게라고 해서 다 프랜차이즈가 되는 건 아니거든요. 결국 프랜차이즈는 대표님 없이도 돌아갈 수 있는 구조를 만드는 일입니다. 지금 사장님 말씀을 듣고 보니 자가진단 체크리스트부터 같이 한번 해보면 어떨까요?

**사장님:** 좋습니다. 준비해보죠.

**가맹거래사:** 프랜차이즈가 가능하려면 '감각'이 아니라 '시스템'이 필요합니다. 사장님이 해오신 모든 일을, 다른 사람도 그대로 할 수 있게 만드는 작업이죠. 그 첫걸음이 바로 매뉴얼화입니다.

**사장님:** 맞아요. 그래서 저도 최근에 매뉴얼 작업을 시작했어요. 매일 영업 끝나고 머릿속에 있는 조리법부터 글로 옮기기 시작했죠. 눈대중으로 하던 소스 양도 다 계량컵과 저울로 수치화했어요. 그렇게 만든 게 이 '조리 매뉴얼 1호'입니다. 오리지널 클래식 버거 한 개 만드는 법만 적힌 A4 한 장짜리 문서지만…

**가맹거래사:** 좋은 시작이에요. 그런데 프랜차이즈는 '맛집을 늘리는 일'이 아니라 품질을 복제하는 '구조'를 만드는 일입니다. 조리 매뉴얼 말고도 운영, 교육, 서비스 전반을 매뉴얼로 구축해야 합니다.

***"프랜차이즈에 맞는 구조를 만들어야 합니다!"***

**사장님:** 네, 그래서 교육 프로그램도 구상하고 있어요. 아르바이트생도 3일 안에 조리에 투입될 수 있게 교육 커리큘럼을 짜보려 합니다.

**가맹거래사:** 아주 잘하고 계시네요. 고객 응대 매뉴얼도 갖고 계신가요? 손님 인사, 주문 받는 법, 클레임 대응, 배달관리 프로세스 등에 대한 것까지요.

**사장님:** 아직 그건 미완성입니다. 매번 직원한테 말로 가르치다 보니 다 다르게 하고 있더라고요. 이제는 스크립트와 체크리스트로 만들어야겠어요.

**가맹거래사:** 이미 준비를 시작하셨다니 아주 좋은 출발입니다. 자, 그럼 지금 상태를 체크리스트로 한번 점검해보시죠.

■ **프랜차이즈화 자가 진단 체크리스트: 나는 프랜차이즈를 할 준비가 되었는가?**

| 항목 | 점검 여부 | 메모/설명 |
|---|---|---|
| 핵심 메뉴 레시피 정량화 · 매뉴얼화 여부 | ☑ Yes / □ No | g, ml, 초 단위까지 수치 문서화 |
| 소스 · 패티 등 원재료 원팩 공급 가능 여부 | □ Yes / ☑ No | 동일한 품질로 대량생산 및 전국 유통망 구축 |
| 대표 부재 시 오토 운영 가능 여부 | □ Yes / ☑ No | 매니저 + 직원만으로 테스트 운영 |
| 신입직원 기준 3일 내 조리 가능 여부 | □ Yes / ☑ No | 교육 프로그램(커리큘럼) 체계 |
| 조리/운영 매뉴얼 표준화 여부 | □ Yes / ☑ No | 형식보다 일관성이 더 중요 |
| 서비스/위생/배달에 대한 문서화 여부 | □ Yes / ☑ No | 응대 멘트, 컴플레인 처리, 위생 등 스크립트와 체크리스트 |
| 상표권 확보 및 특허청 등록 여부 | □ Yes / ☑ No | 브랜드 상표 출원 및 등록 |

**사장님:** (체크를 하며) 음… 대부분 'No'로 체크할 수밖에 없네요. 아직 갈 길이 먼 것 같습니다. 그래도 핵심 레시피는 매뉴얼 초안이지만 만들어봤고, 교육 프로그램은 주방에서 알려주던 내용들을 잘 정리하면 될 것 같아요.

**가맹거래사:** 시작이 반입니다. 충분히 좋은 출발입니다. 지금부터 하나씩 차근차근 시스템을 완성해 나가면 됩니다. 레시피도 클래식 버거만 문서화되어 있다면, 나머지 메뉴들도 레시피를 표준화해서 정리하는 식으로요. 이런 것들은 새로운 뭔가를 만든다 라기보다는, 사장님 머릿속의 경험을 하나하나 꺼내서 정리하는 작업입니다.

**사장님:** 맞아요. 몇몇 메뉴는 아직 손맛에 의존하고 있어서… 빨리 계량화해야겠어요.

**가맹거래사:** 두 번째 항목, 소스와 패티의 원팩화는 어떠세요?

**사장님:** 예전에 제조업체를 알아본 적 있어요. 그런데 대량 생산하면 맛이 달라질까봐 걱정돼서요.

**가맹거래사:** 많은 프랜차이즈가 같은 고민을 합니다. 하지만 검증된 식품 제조업체와 함께 수차례 테스트하면 유사한 품질을 확보할 수 있습니다. 다만, 단가, 물류비를 포함해서 마진 계산도 꼭 함께 해야 합니다.

**사장님:** 네, 그것도 과제로 넣겠습니다.

**가맹거래사:** 세 번째 항목. 사장님이 자리를 비워도 매장이 잘 운영되나요?

**사장님:** 솔직히 아직 불안해서 매장 CCTV를 자주 봐요. 그게 습관이 돼서요.

**가맹거래사:** 이젠 손 떼기 연습을 하셔야 해요. 일주일씩 매장을 비워 보고, 그동안 돌아갈 수 있는 체계를 만들어야 가맹본부 운영도 가능해집니다. 매니저를 키우는 것도 중요하고요.

**사장님:** 네, 저희 매장 직원 중 한 명을 슈퍼바이저로 키우고 있어요. 발주도 맡기고, 고객 응대도 넘기고 있습니다.

**가맹거래사:** 아주 좋은 방향입니다. 다섯 번째, 여섯 번째 항목인 각종 업무가 매뉴얼로 표준화되어 있나요?

**사장님:** 아직이요. 예전에 알바 혼자 두고 자리 비웠다가 소스 배합이 잘못돼서 맛이 달라졌던 적도 있어요. 매뉴얼이 없으니 생긴 문제였던 것 같아요.

**가맹거래사:** 바로 그거예요. 그래서 매뉴얼화가 매우 중요합니다. 어떤 직원이 일을 하든지 같은 방식으로 일하게 해야 합니다. 한 프랜차이즈 카페에서는 바리스타가 인사말, 청소시간표, 응대 대본까지 암기하게 하더라고

요. 그게 100번째 매장까지 "맛과 서비스를" 동일하게 만드는 힘입니다.

**사장님:** 공감돼요. 청소나 서비스 멘트가 직원마다 달라요. 이제 기준을 정하겠습니다.

**가맹거래사:** 마지막 항목, 상표 등록은 하셨나요?

**사장님:** 아… 사실 아직 못 했습니다. 부모님 가게 명칭을 그냥 쓰고 있었는데, 등록해야겠죠?

**가맹거래사:** 당연하죠. 지금 하셔야 합니다. 유명해지면 누군가 상표권을 먼저 등록하는 일이 비일비재합니다. 바로 진행하시죠.

**사장님:** 네, 메모해두겠습니다.

**가맹거래사:** 좋습니다. 체크리스트를 점검한 결과, 아직 본부 시스템을 더 다지는 데 집중하셔야 할 시기입니다.

**사장님:** 이제야 뭘 준비해야 할지 명확해졌네요. 하나씩 개선해서 상생버거를 단순히 '잘 되는 가게'에서 '확장 가능한 브랜드'로 만들어보겠습니다.

체크리스트에서 3개 이상 'No'가 나왔다면 지금 당장은 가맹사업 추진에 속도를 내기보다는, 본사 시스템을 다지는 작업을 우선해야 합니다. 내부 준비가 부족한 상태에서 무리하게 가맹점을 모집한다면, 나중에 더 큰 문제에 부딪힐 수 있습니다. 한두 개 매장을 더 운영해보거나, 직영점 형태로 시범 운영을 해보면서 시스템을 보완하는 것도 좋은 방법입니다.

## 1-4 프랜차이즈는 음식이 아니라 시스템을 파는 사업입니다

**가맹거래사:** 사장님, 한 주 동안 잘 보내셨나요?

**사장님:** 말씀해주신 체크리스트 항목들 중에 몇 가지는 보완을 마쳤고, 일부는 지금도 개선하고 있어요. 그래도 아직 갈 길이 멀다는 건 느낍니다.

**가맹거래사:** 사장님의 브랜드에 대한 진심, 정말 인상 깊었습니다… (햄버거 하나를 가리키며) 사장님, 잊지는 않으셨죠? 프랜차이즈 사업은 이 음식을 파는 일이 아닙니다. 바로 성공 노하우가 담겨 있는 운영시스템을 파는 사업입니다.

**사장님:** 그 말, 몇 번 들었지만 들을 때마다 새롭습니다. 진짜 본질을 잊지 않게 되네요.

**가맹거래사:** 맞아요. 고객은 매장 간판을 보고 들어오는 순간, 어디서나 동일한 맛과 서비스를 기대합니다. 가맹본부는 그 기대를 저버리지 않도록 모든 걸 설계해 두어야 해요. 다시 말해, 본부가 파는 건 '누가 어디서 만들어도 똑같은 맛과 서비스를 제공하는 것'을 가능하게 만드는 방법, 즉 시스템입니다.

**사장님:** 결국 시스템을 갖춘다는 건, 단순히 메뉴 레시피를 만드는 것이 아니라 원재료 수급부터 조리방법 및 운영 노하우, 그리고 교육 및 서비스, 물류까지 이르는 전 과정을 체계화해야 한다는 거죠?

**가맹거래사:** 맞아요. 성공적인 시스템이 없으면 가맹점주는 시행착오를 겪게 되고, 고객은 점포마다 들쑥날쑥한 경험을 하게 되죠. 그건 프랜차이즈가 아니에요.

**사장님:** 맥도날드 같은 데가 그걸 잘 보여주는 예죠?

**가맹거래사:** 그렇죠. 레이 크록은 창업 당시부터 "우리는 햄버거가 아니라

시스템을 판다."고 선언했어요. 전 세계 어디서든 같은 맛의 감자튀김이 나오는 이유도 철저한 매뉴얼 덕분이죠. 기름 온도 000℃, 튀김 시간 0분 00초, 소금 0g 등 같은 수치까지 매뉴얼화 되어 있거든요.

**사장님:** 스타벅스도 그런가요?

**가맹거래사:** 당연하죠. 스타벅스는 프랜차이즈는 아니지만, 바리스타가 전 세계 어디서든 같은 방식으로 커피를 만들고, 응대도 통일돼 있어요. 로스팅부터 매장 음악까지 매뉴얼로 통일되어 있으니, 고객이 어느 나라 매장을 가도 익숙한 느낌을 받는 겁니다.

**사장님:** 국내 브랜드 중에도 그렇게 성공한 사례가 있나요?

**가맹거래사:** 네. 본죽이나 원할머니 보쌈처럼 한식도 시스템화에 성공한 브랜드들이 있어요. 소스를 공장에서 원팩으로 공급하고, 직원 교육으로 조리 품질을 통일시켰죠. 홍콩반점 같은 브랜드도 본사에서 반조리 소스를 공급해서 어디서든 같은 맛을 구현하고 있구요.

**사장님:** 이야… 그런 걸 들으니 제가 갈 길이 얼마나 먼지 실감이 납니다. 하지만 동시에 설렙니다. 이제 제가 해야 할 일이 명확해진 것 같아요.

**가맹거래사:** 맞습니다. 하지만 너무 부담스러워하지 마세요. 하루 아침에 완성되는 시스템은 없어요. 중요한 건 방향을 알고, 꾸준히 개선해 나가는 거죠. 그리고 꼭 기억하셔야 할 게 있습니다. 시스템 없이 가맹사업을 시작한다면 나중에 반드시 문제가 생긴다는 겁니다.

**사장님:** 모든 게 결국 본부에 대한 신뢰 문제로 이어지겠죠.

**가맹거래사:** 그렇죠. 가맹점사업자는 본부에 돈을 내고 검증된 그 시스템을 사간다고 생각합니다. 근데 가맹본부에서 제공한 시스템이 부실하면, 당연히 불만이 생기고, 브랜드 이미지도 흔들리겠죠. 심지어 법적 분쟁으로 이어질 수 있습니다.

**사장님:** (깊이 고개를 끄덕이며) 저도 예전에 직원 교육이 잘 안 돼서 문제가 생기고, 당일 소스가 부족해서 급히 시장에 뛰어간 적이 있어요. 그게 시스템의 부재였다는 걸 이제야 알겠네요.

**가맹거래사:** 그렇죠. 다행히 지금 깨닫고 계시니까 앞으로 더 탄탄한 가맹본부로 성장하실 수 있습니다.

**사장님:** 이제 제 역할은 단순히 '맛있는 버거 만드는 사람'이 아니라, '누구든 이걸 똑같이 만들어 팔 수 있게 해주는 시스템을 설계하는 사람'이네요.

**가맹거래사:** 맞습니다. 대표님의 성공 방정식을 하나의 패키지로 만들어주세요. 누구든 그대로 따라하기만 하면 성공적으로 매장을 운영할 수 있도록이요.

**사장님:** 네. 무척 두렵고 부담되지만, 동시에 기대도 큽니다. 이제 뚜렷한 이정표를 따라가고 있다는 느낌이 듭니다. **프랜차이즈는 음식이 아니라 시스템을 파는 사업이라는** 말씀, 마음 깊이 새기겠습니다.

---

프랜차이즈 관련 분쟁의 상당수는 시스템 미비에서 시작됩니다. 조리법이 명확하게 문서화되어 있지 않아 점주가 시행착오를 겪거나, 재료가 제때 공급되지 않아 영업에 차질이 생기면 결국 가맹본부를 탓하게 됩니다. 가맹본부라면 가맹점이 실패하지 않도록 완벽한 매뉴얼과 지원 체계를 갖춰야 할 책임이 있습니다. 가맹본부는 '신뢰'를 기반으로 운영되며, 이 신뢰를 지탱하는 근간이 바로 잘 정립된 시스템입니다.

PART 02

# 표준화와 시스템 구축: 누구나 나처럼 만들 수 있게

## 2-1 메뉴 표준화와 매뉴얼: 맛의 기준을 세우다

**사장님:** 가맹거래사님, 이거 제가 며칠 동안 머릿속으로 정리해서 만든 매뉴얼 초안입니다. 매일 만들다 보니 손에 익은 감각이긴 한데, 숫자로 정리하니까 꽤 재밌더라고요.

**가맹거래사:** 오, 너무 잘하셨습니다 사장님! 이렇게 A4 한 장으로 정리된 버전이면 실제 매장에서도 바로 쓸 수 있을 겁니다. 그럼 하나씩 보면서 함께 점검해볼까요?

**가맹거래사:** 전체적으로 간결하고 직관적으로 정리 잘하셨네요. 패티 무게, 굽는 시간, 소스 양까지 모두 수치화되어 있으니 신입 직원도 이해하기 좋겠어요.

**사장님:** 감으로 하던 걸 하나하나 저울과 타이머로 확인하니까 딱 떨어지는 느낌이 들더라고요. 특히 번은 황금빛이 도는 순간이 포인트라 20초를 기준으로 잡았어요.

**가맹거래사:** 좋습니다. 한 가지 제안드리자면, "조리 순서"도 눈에 잘 띄게 번호 목록이나 아이콘으로 넣으면 좋겠습니다. 그리고 다음 버전엔 사진 한 컷씩 곁들이면 시각적으로 훨씬 더 강력해질 겁니다. 예컨대, 패티 굽기를 잘 했을 때의 색과 질감을 추가하면 점주들이 더 쉽게 이해할 수 있을 거예요.

**사장님:** 맞아요. 다음 주부터 사진 촬영도 해보려고요. 지금은 본점이니까 제가 직접 교육하면 되지만, 가맹점 늘어나면 이런 매뉴얼 없이는 힘들겠더라고요.

**가맹거래사:** 정확히 그 부분입니다. 이런 A4 매뉴얼이 한 장씩 모이면, 브랜드 전체가 동일한 품질을 유지할 수 있습니다.

**[오리지널 클래식 버거 조리 매뉴얼 1호(샘플)]**

(단품 기준)
햄버거 참깨 브리오쉬번 1ea, 쇠고기 패티 130g, 체다슬라이스 치즈 1장, 양상추 20g, 토마토 2장(5mm), 피클 3조각, 마요소스 10g, 버거소스 10g

1. 냉동 보관된 패티를 꺼내 130g으로 계량한다. (전자저울 사용)
2. 예열된 그릴(중불)에 패티를 올려 앞면 45초, 뒷면 50초 굽는다. (총 1분 35초)
3. 패티 위에 체다치즈 1장을 얹어 자연스럽게 녹도록 한다.
4. 번 안쪽 면에 버터 3g 도포 후, 180℃ 토스터에서 20초간 굽는다.
5. 하단 번에 마요소스 10g을 원형으로 바른다.
6. 양상추 20g, 토마토 2장(5mm)을 순서대로 얹는다.
7. 익힌 패티 + 치즈를 올린다.
8. 피클 3조각을 고르게 배치한다.
9. 상단 번 안쪽에 버거소스 10g 도포 후 덮는다.
10. 최종 완성된 버거를 포장지 또는 트레이에 담아 제공한다.

※ 모든 중량은 전자저울 기준 ±2g 허용
※ 조리 시간은 매장 환경에 따라 ±5초 조절 가능

**사장님:** 이 버전은 '1호'로 저장해두고, 다음엔 사이드 메뉴랑 감자튀김도 하나씩 정리해보겠습니다.

**가맹거래사:** (웃으며) 좋아요. 지금 만든 게 바로 '상생버거' 시스템의 시작입니다.

**사장님:** 네. 이제 시작이네요. 매뉴얼 버전1 완성 기념으로 사진 한 장 찍으시죠!

**가맹거래사:** 좋습니다. 표준 매뉴얼을 만들었으니 이제 매뉴얼을 바탕으로 교육 커리큘럼을 짜볼까요?

매뉴얼 표준화는 프랜차이즈 품질 관리의 핵심입니다. 1g, 1초의 차이는 미미해 보일 수 있지만, 점포가 많아질수록 고객 경험의 편차로 이어집니다. 글로벌 프랜차이즈들이 일관된 맛을 유지하는 비결은 이 작은 디테일까지 철저하게 표준화했기 때문입니다. 일부 가맹본부는 표준화된 레시피를 특허로 등록하기도 합니다.

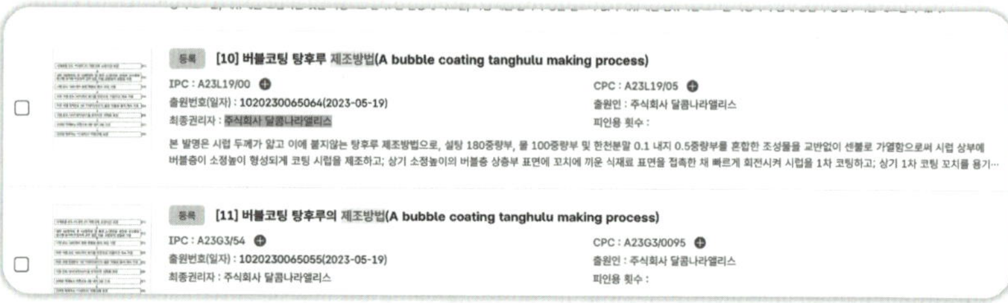


* 출처: 지식재산정보 검색 서비스 검색 결과(https://www.kipris.or.kr/main.do)

## 2-2 교육 시스템과 운영 매뉴얼: 교육을 통해 시스템을 완성하다

**가맹거래사:** 사장님, 메뉴 매뉴얼은 잘 마무리하셨으니, 이제 그걸 사람들에게 전달할 차례입니다. 오늘은 교육 시스템을 본격적으로 짜볼까요?"

**사장님:** 좋습니다. 직원이나 점주가 3일 안에 조리에 투입될 수 있도록 만드는 게 목표였죠?

**가맹거래사:** 네. 화이트보드에 3일 간의 일정부터 간단히 정리해볼게요.

**3일 완성 교육 프로그램**

| | | |
|---|---|---|
| Day 1 | 오리엔테이션 및 이론 교육 | 매장 투어, 위생/안전 교육, 조리 매뉴얼 학습 |
| Day 2 | 실습 교육 | 재료 손질, 패티 굽기 등 실제 조리 실습 |
| Day 3 | 운영 테스트 | 오픈부터 마감까지 운영, 평가/피드백 |

**사장님:** 우선 이대로 하면 짧지만 강도 높게 익힐 수 있겠네요. 마침 테스트에 협조해줄 직원도 있어요. 카운터 보는 민지인데, 주방 교육에 관심이 많았거든요.

**가맹거래사:** 아주 좋습니다. 실습을 도와줄 직원이 있으면 교육 프로그램 검증에도 딱이죠. 나중에는 훌륭한 슈퍼바이저가 될 수도 있습니다. 물론 직원이 동의해야겠지만요. 이번 교육 때는 저도 참석하겠습니다. 교육과정도 보고 사장님 버거 맛도 좀 보고 싶네요.

### Day 1 - 오리엔테이션 및 이론 학습

김 사장은 민지에게 유니폼을 지급하고 매장 및 주방 곳곳을 소개했다. 위생 규정, 손 씻는 법, 온도관리, 작업대 소독 등 기본 원칙을 하나하나 짚어주었다.

**사장님:** 이건 손 세정 방법이고, 저기 냉장고는 5도 이하로 유지해야 해요.

**민지:** (메모하며) 처음 듣는 게 많네요. 알겠습니다!

다음은 조리 매뉴얼 학습. 출력한 문서를 건네자 민지가 감탄했다.

**민지:** 우와, 사장님 우리 이런 매뉴얼도 있었어요?

**사장님:** 이번에 만든 겁니다. 오늘은 이걸 보면서 조리 순서를 머릿속에 그리는 게 목표예요.

그날 마지막엔 토마토 슬라이싱 실습도 했다. 처음엔 들쭉날쭉했지만, 민지는 금세 5mm 두께로 일정하게 썰기 시작했다.

**사장님:** 민지 씨, 칼 질에 소질이 있네요?

**민지:** 처음 해본 건데… 생각보다 잘되네요?

**가맹거래사:** 역시 직접 해보는 게 제일 빠르죠? 내일은 패티 굽기 실습인

데, 제가 다 기대가 되네요(웃음).

### Day 2 - 실습 중심 교육

**사장님:** 민지 씨, 오늘부터는 직접 조리 실습이에요. 너무 긴장 마시고요!

패티를 130g으로 나누고 굽는 과정, 불 세기 조절, 번 굽기까지 하나하나 직접 시도했다. 타이밍도 스톱워치로 맞춰보며 조리했다.

**사장님:** 45초에 뒤집고, 50초 더! 좋아요, 잘하고 있어요.

마지막 세팅까지 마치고, 민지는 자신이 만든 버거를 내놓았다.

**가맹거래사:** 축하합니다! 첫 조리 성공이네요. 맛도 괜찮은데요.

**민지:** 휴~ 해냈다! 사실 저 라면 말고는 요리 같은 거 처음인데요, 매뉴얼이 있으니 그렇게 어렵진 않았어요.

**사장님:** 음… 솔직히 말해서… 제가 만든 거랑 크게 다르지 않은 것 같아요. 저는 20년 이상 배운 손맛이라고 생각했는데, 민지 씨가 단 하루만에 마스터하다니, 조금 속상하기까지 한데요?

**가맹거래사:** 그만큼 매뉴얼이 잘 정리되었다는 의미입니다.

### Day 3 - 실제 운영 테스트

3일차엔 민지가 전 과정을 주도하는 운영 테스트를 진행했다. 실제 손님 응대, 주문, 조리까지 전부 맡겼다. 점심 시간엔 손님이 갑자기 몰려서, 민지는 처음에는 당황하고 버벅거리기도 했지만, 시간이 지날수록 침착하게 조리와 접객을 해냈다. 식재료와 동선을 간편하게 하고 매뉴얼로 정리해두어서 그런지 동선도 금방 익혔다.

**사장님:** 오늘 점심에 버거 두 개를 5분 안에 만들었어요. 어제는 8분이 넘

었는데, 대단한 발전입니다!

**민지:** 이제 좀 감이 오는 것 같아요. 계속 연습하면 더 잘할 수 있을 것 같아요!

그날 저녁엔 간단한 서비스 교육도 병행했다. 인사 멘트 연습, 클레임 대응 시뮬레이션도 해봤다.

**사장님:** 버거가 식었다고 불만을 말하는 손님 역할을 해볼게요.

**민지:** 죄송합니다 고객님, 바로 새 것으로 교체해드리겠습니다. 그동안 서비스로 음료수 하나 드릴게요(웃음).

**가맹거래사:** 완벽합니다. 서비스 응대도 매뉴얼대로 잘하고 계시네요. 음료수는 민지 씨 아이디어 인가요?

**민지:** 네, 지난번에 사장님이 비슷한 고객을 응대하시는 걸 보고 따라해봤어요(미소).

**사장님:** 아, 그런가요? 나도 잊고 있었는데 매뉴얼에 고객 클레임 응대 팁으로 추가해야겠네요.

**사장님:** 이제 메뉴와 서비스 표준 매뉴얼은 어느 정도 된 것 같아요.

**가맹거래사:** 맞습니다. 다음 스텝은 가맹본부의 손과 발, 즉 공급과 지원 시스템을 만드는 일입니다.

---

프랜차이즈 사업은 흔히 '시스템 사업'이라고들 하지만, 동시에 '교육 사업'이기도 합니다. 물론 체계적인 시스템은 매우 중요합니다. 하지만 그것만으로는 부족합니다. 왜냐하면 아무리 잘 만든 시스템이라도 결국 그것을 실행하고 운영하는 건 '사람'이기 때문입니다. 결국 핵심은 사람을 어떻게

교육하고, 어떻게 성장시킬 수 있느냐에 달려 있습니다. 이를 위해 초보자도 쉽게 이해할 수 있는 커리큘럼, 반복 가능한 교육 체계, 그리고 실행력 있는 체크리스트가 필수적입니다. 글로벌 브랜드들이 자체 훈련 학교를 설립하는 것도 바로 이러한 이유이며, 한국에는 BBQ치킨이 운영하는 '치킨대학'이 좋은 예시입니다.

## 2-3 공급망 구축과 본사 운영: 보이지 않는 손 만들기

며칠 뒤 아침, 김 사장님과 가맹거래사는 경기도 외곽의 한 소스 전문 제조업체를 찾았다.

**사장님:** 이 공장에서 우리가 쓰는 전용 소스를 대량 생산할 수 있을까요? 레시피는 가져왔습니다.

**가맹거래사:** 직영점 하나에서는 문제가 없지만, 프랜차이즈는 수백 개 매장에 동일한 맛을 제공해야 하니 반드시 공장화가 필요합니다.

둘은 하얀 가운과 위생모를 착용하고 제조 현장으로 들어섰다. 연구원이 가져온 소스는 불그스름한 색을 띠고 있었다.

**연구원:** 한 번 시식해보시죠. 현재 배합 비율 기준으로 나왔습니다.

**사장님:** (맛을 본 후) 음… 매장에서 만든 것보다 간이 센 느낌인데요?

**연구원:** 네, 대량 생산 시에는 소금 비율이 조금 달라질 수 있습니다. 소금 10% 줄여서 다시 잡아보겠습니다.

**사장님:** (잠시 뒤) 이 두 번째 배합은 좋은데요? 이 정도면 거의 본점 맛과 같아요.

**가맹거래사:** 이제 관건은 생산 단가와 최소 주문 수량입니다. 사장님, 공장

장과 협의해보시죠.

**공장장:** 월 기준 최소 물량은 200kg입니다. 소량 생산은 원가가 많이 올라서요.

**사장님:** (고민하며) 직영점이 한달에 50kg도 안 쓰는데요. 그리고 단가도 높은 것 같아요.

**가맹거래사:** 사장님, 이건 투자라고 생각하세요. 곧 가맹점이 생기면 수요가 생길 겁니다. 그리고 유통기한이 넉넉하니 문제는 없어 보입니다.

**공장장:** 사장님, 향후에 물량이 늘어나면 단가는 인하해드리겠습니다.

**사장님:** (결심하며) 알겠습니다. 진행하시죠.

**가맹거래사:** 이제 패티와 빵도 공급처를 알아봐야 하겠죠? 패티를 직접 만들 경우 매장마다 맛 차이가 생길 수 있기 때문에, 사장님 레시피가 적용된 냉동 패티로 전환하는 것이 좋습니다.

**사장님:** 맞아요. 가맹점마다 패티를 빚게 하면 절대 같은 맛이 안 나올 거 같아요.

**가맹거래사:** 고기 비율, 간의 정도까지 통일해야 하니까요. 좋은 육가공 업체 찾으셨나요?

**사장님:** 네. 시식해본 결과, 직영점 패티 맛과 거의 흡사한 냉동 패티를 찾았어요. 130g으로 균일하게 포장해 공급하기로 했습니다.

**가맹거래사:** 좋습니다. 번(빵)은 기존에 거래하시던 제빵공장에서 납품받기로 하셨나요?

**사장님:** 네. 그런데 수도권은 당일 배송이 가능하지만 지방은 냉동 납품이 필요할 것 같습니다.

**가맹거래사:** 좋습니다. 직영점 인근은 직배송, 지방은 냉동 방식으로 병행하면 되겠네요. 나머지 감자튀김, 포장재, 청소 소모품 등 기타 품목들은 중소형 유통사와 연계해서 공동 구매형태로 일괄 처리하시면 됩니다.

**사장님:** 네. 그런데 식재료를 제외한 나머지는 가맹점사업자분들이 다른 곳에서 직접 구매하시는 것이 낫지 않을까요?

**가맹거래사:** 네. 사장님, 브랜드와 맛의 통일성과 무관한 상품의 경우 오히려 구매를 강제하면 문제가 되기도 합니다. 하지만, 필수품목이 아닌 상품의 경우라도 가맹본부에서 공동 구매하면 가맹점사업자가 개별적으로 구매하는 경우에 비해 좋은 가격에 공급할 수도 있기 때문에 가맹점사업자에게 선택권을 부여하는 것도 가능합니다.

■ **주요 공급 품목 및 방식(요약)**

| 품목 | 공급 방식 | 비고 |
|---|---|---|
| 특제 소스 | 가맹본부 일괄생산(OEM) | 1kg×200팩/월, 냉장 공급 |
| 쇠고기 패티 | 가맹본부 지정 냉동 패티(OEM) | 130g/장, −18℃ 급속 냉동 |
| 버거 번 | 가맹본부 지정 제빵공장 공급 | 수도권 당일, 지방 냉동 |
| 감자튀김 외 식자재 | 가맹본부 공동 구매대행 | 유통사 연계 |
| 포장재/소모품 | 가맹본부 일괄 구매 | 로고 인쇄 포함.<br>단, 점주에게 구매처<br>선택권 부여 |

**사장님:** 그리고 가맹점 소통 창구로 전용 전화랑 온라인 메신저를 만들 생각입니다. 언제든지 소통 가능하도록요.

**가맹거래사:** 좋습니다. 특히 1호점, 2호점은 직접 내려가서 일주일간 현장 지원해주시면 신뢰가 커질 겁니다.

**사장님:** 네. 오픈 초기엔 매장이 안정될 때까지 제가 직접 상주하면서 운영을 도와드릴 계획이에요.

프랜차이즈 시스템의 핵심은 통일성과 수익성입니다. 그중에서도 물류 시스템이 불안정하면 점포 운영 전체가 흔들립니다. 유통사를 통한 공동 구매는 단가를 낮추고, 품질을 안정시킬 수 있는 가장 현실적인 방법입니다. 초기에는 일부 손해를 감수하더라도, 규모가 커지면 반드시 이익으로 돌아옵니다. 대체 공급선도 반드시 준비해두는 것이 리스크 관리에 필수입니다. 다만, 어떤 상품을 필수구매대상으로 정할 때는 매우 주의할 필요가 있는데, 이 부분은 별도로 살펴보도록 하겠습니다.

## 2-4 가맹본부의 수익은 어디서 나오나요?

가맹본부 회의실. 창가로 햇살이 부드럽게 스며들던 어느 오후, 김버거 사장님과 가맹거래사는 마주 앉아 현실적인 고민을 나누고 있었다.

**사장님:** 거래사님. 가맹본부 준비에 생각보다 자금이 많이 들어가네요. 가맹본부는 언제 수익이 날까요?

**가맹거래사:** 많은 대표님들이 같은 고민을 하세요. 프랜차이즈는 '시스템'을 파는 것이라고 했던 것, 기억하시죠? 사장님이 하나의 햄버거를 파실 때도 많은 고민과 노력, 정성을 다하듯이, 시스템을 제대로 구축하기 위해 상당한 투자가 수반되는 것은 당연합니다. 많은 비용을 투자했다고 해서 가맹점사업자로부터 과도하게 비싼 가격을 받을 수는 없지만, 그렇다고 너무 적게 받으면 시스템의 유지 자체가 어려울 수 있습니다.

**사장님:** 맞아요. 무작정 많이 받을 수도 없고, 그렇다고 적게 받을 수도 없고…

**가맹거래사:** 그래서 상호 수용 가능한 적정한 '수익'을 확보하는 것이 중요한데, 이러한 시스템의 '수익'을 정하는 문제가 바로 가맹본부의 수익구조

를 설정하는 것입니다. 그리고 가맹본부의 수익은 한 번에 발생하는 것이 아니라서 장기적인 관점에서 설계해야 하는데, 시스템을 만들 때 수익 구조를 제대로 설계해야 안정적이고 지속 가능한 수익을 만들어낼 수 있습니다. 물론 이와 함께 비용구조를 효율화하는 것도 중요합니다.

**사장님:** 그럼 가맹본부는 수익을 어떤 방식으로 만들어야 할까요? 막연히 로열티를 받는다는 것만 들었지, 자세히는 모르겠어요.

**가맹거래사:** 그럼 우선 가맹본부의 수익구조에 대해서 회의실 화이트보드에 정리해볼게요. 수익원은 다음과 같이 구분됩니다.

■ **프랜차이즈 가맹본부의 수익원 구조(예시)**

| 수익 항목 | 수익 방식 | 시점 | 설명 |
|---|---|---|---|
| 가맹비 | 일시불 | 계약 체결 시 | 브랜드 사용 및 오픈 지원 등의 대가 |
| 교육비 | 일시불 | 오픈 전 | 가맹점주 및 직원 교육비 (1~2주 기준) |
| 로열티 | 정액 또는 매출액 비율 | 매월 | 브랜드 사용료 및 시스템 이용료 |
| 물류마진 | 물류 사용액 비례 | 월간 정산 | 식자재/소모품 공급 차익 |
| 광고 분담금 | 정액 또는 매출액 비율 | 매월 | 공동 마케팅 비용 분담금 |
| 장비/인테리어 마진 | 마진 포함 | 오픈 시 | POS, 주방기기, 간판 등 판매 수익 및 디자인 제공비 |

■ **가맹비 유형(공정위 의결서 기재)**

| 구분 | 형태 | 예시 |
|---|---|---|
| 유형 ① | 가맹점운영권이나 영업활동에 대한 지원 · 교육 등을 받기 위하여 가맹본부에 지급하는 대가 | 가입비, 교육비 등 |
| 유형 ② | 상품의 대금 등에 관한 채무액이나 손해배상액의 지급을 담보하기 위하여 가맹본부에 지급하는 대가 | 보증금, 담보제공 등 |

| 구분 | 형태 | 예시 |
|---|---|---|
| 유형 ③ | 가맹사업을 착수하기 위하여 가맹본부로부터 공급받는 정착물 · 설비 · 상품의 가격 또는 부동산의 임차료 명목으로 가맹본부에 지급하는 대가 중 걱정한 도매가격을 넘는 대가 | 인테리어 비용, 최초 공급 상품 비용 등 |
| 유형 ④ | 영업표지의 사용과 영업활동 등에 관한 지원 · 교육, 그 밖의 사항에 대하여 가맹본부에 정기적으로 또는 비정기적으로 지급하는 대가<br>– 정액 또는 매출액 · 영업이익 등의 일정 비율로 지급하는 대가<br>– 가맹본부로부터 공급하는 상품 · 원재료 · 부재료 · 정착물 · 설비 및 원자재의 가격 또는 부동산의 임차료에 대하여 가맹본부에 지급하는 대가 중 적정한 도매가격을 넘는 대가(특허권에 대한 대가는 제외) | 상표사용료, 광고분담금, 물품대금의 유통이익 등 |
| 유형 ⑤ | 그 밖에 가맹점운영권을 취득하거나 유지하기 위하여 가맹본부에 지급하는 모든 대가 | |

가맹거래사는 가맹본부의 수익원에 대하여 하나씩 설명을 이어갔다.

## 가맹비 - 잘 구축된 브랜드와 시스템 사용에 대한 대가입니다.

**가맹거래사:** 첫 번째가 가맹비입니다. 보통 한 점포당 500만 원에서 1,500만 원 사이입니다. 우리가 쌓아온 노하우, 시스템, 상표권 등을 쓰게 해주는 대가인 거죠.

**사장님:** 맞아요. 주변에서 제일 먼저 사람들이 '가맹비 얼마 받을 거냐'고 물어보더라고요.

**가맹거래사:** 그렇죠. 이건 오픈 전에 한 번에 들어오는 수익이니까, 초기 자금 확보에 유용하지만 지속적인 수익원은 아닙니다. 그래서 많은 가맹본부들이 두 번째, 세 번째 항목으로 넘어가죠.

### 교육비 - '지식'도 비용입니다

**가맹거래사:** 오픈 전 교육에 들어가는 인건비, 교육자료 제작, 시범 운영비용 등을 고려하면 교육비는 반드시 받아야 해요. 보통 100~300만 원 수준에서 형성되며, 일주일 이상 오프라인 교육과 실습을 제공하고 그 이상도 가능합니다.

**사장님:** 교육할 때 식자재, 교통비, 오픈바이저 인건비 등을 감안하면 교육비를 받는 게 맞겠네요.

### 로열티 - 프랜차이즈의 심장

**가맹거래사:** 로열티는 브랜드 유지비이자 가맹본부의 운영 자금입니다. 아래 두 가지 방식이 있어요.

| 구분 | 정액형 | 매출 비례형 |
|---|---|---|
| 방식 | 매월 일정액 납부(예: 30만 원) | 월 매출의 2~5%(예: 3%) |
| 장점 | 매출이 적어도 많아도 동일하여 예측 가능하고 단순 | 매출이 늘수록 본사 수익도 커짐 (인센티브 구조) |
| 단점 | 점주 입장에서는 장사가 안돼도 내야 하므로 부담 | 매출 조작 위험성 있음 (현금 결제 누락 등) |

**사장님:** 저희는 매출 비례가 맞을 것 같네요. 가맹점 매출이 늘어야 가맹본부도 같이 상생할 수 있는 방식이니까요.

**가맹거래사:** 정확히 보셨습니다. 다만 정확한 매출 집계 및 산정을 위해 POS 시스템 연동이 반드시 필요합니다. 매출 누락을 방지해야 안정적인 수익이 유지될 수 있으니까요.

## 물류마진 - 숨은 가맹본부의 수익

**가맹거래사:** 현실적으로 가맹본부의 실질적인 운영 자금이 되는 건 바로 이 겁니다. 전용 식자재, 포장재, 유니폼 등에서 나오는 마진이죠. 통상적으로 언급되는 마진율은 대략적으로 식자재의 경우 10~20%, 포장재의 경우 20~30% 정도인데요, 물론 절대적인 수치는 아니고 경우에 따라 다를 수도 있으니, 참고만 하세요. 또한, 필수품목의 경우 마진과 리베이트가 포함된 가격 산정방식을 공개해야 한다는 점, 마진이 과도하면 점주 반발 위험이 높다는 점도 주의할 필요가 있습니다.

**사장님:** 저희 전용 소스는 OEM 생산해서 공급 중인데, 원가 대비 10~15% 정도 붙여도 될까요?

**가맹거래사:** 절대적인 기준은 없는데, 그 정도면 적절합니다. 단, 리베이트 중심 구조로 오해 받지 않도록 합리적인 설명과 투명한 정보 제공이 필요합니다.

가맹본부가 가맹점에 물류를 공급하면서 남기는 '물류마진'은 단순한 이윤이 아닙니다. 이는 가맹사업법상 '가맹금'에 해당하는 차액가맹금으로 간주됩니다. 최근 법원에서 점주의 동의 없이 취하는 가맹본부의 물류마진을 부당이득으로 반환하라는 소위 '차액가맹금' 반환의무가 인정되어 업계 전반에 차액가맹금 소송이 유행처럼 번지고 있습니다. 이 판결로 한 유명 가맹본부는 기업회생을 신청하기도 했습니다. 뿐만 아니라, 필수품목의 경우 단가 산정식을 계약서에 기재해야 하고 가맹점사업자에게 불리하게 변경 시 협의의무를 인정하는 등 관련 규제도 많아지고 있습니다. 따라서 마진율을 정할 때에는 고려할 점도, 주의할 점도 많은데요, 별도 항목에서 구체적인 내용을 살펴보겠습니다.

## 광고 분담금 - 브랜드 가치에 대한 공동 투자

**가맹거래사:** TV, 유튜브, 배너 등 브랜드 인지도를 높이는 활동은 가맹본부만의 책임이 아닙니다. 가맹점주도 그 효과를 누리는 동업자로서 함께 투자하는 구조가 되어야 합니다. 부담금은 '매달 5만 원'과 같은 형식으로 정액으로 정할 수도 있고, '매출액의 1%'와 같이 비율로 정할 수도 있습니다. 단, 가맹점사업자에게 광고비를 분담시키려면 법상 일정 비율 이상 가맹점주의 동의를 받거나 별도 약정서에 정하는 등의 조치가 필요합니다. 또한 집행 후 광고명칭, 지급받은 금액 및 집행 내역을 매년 공개하는 등의 절차를 거쳐야 합니다.

## 장비/인테리어 수익 - 함정과 기회

**가맹거래사:** 가맹본부가 POS, 간판, 주방기기를 공급하면서 일정한 마진을 붙이는 경우도 있는데, 이건 조심해야 합니다. 점주 입장에서 '가맹본부가 너무 챙긴다'는 불신이 생기기 쉽거든요.

**사장님:** 가능하면 원가를 공개하고, 최소한의 수수료만 받는 방향으로 갈 생각입니다.

**가맹거래사:** 좋습니다. 장기적으로 신뢰를 얻기 위한 현명한 전략입니다. 사장님이 관련 업체를 소개해주고 거래는 가맹점사업자와 업체가 직접 하도록 하는 방식도 가능합니다.

**사장님:** 로열티나 광고비 받는 게 점주들한테 부담이 될까 걱정입니다. 그냥 물류마진만으로 본사를 운영하면 안 될까요?

**가맹거래사:** 가장 흔한 접근이지만 가장 위험한 방식입니다. 물류에만 의존하면 '싸구려 원가 장사'로 전락할 위험이 커요. 저는 이렇게 추천드립니다.

***"로열티는 적절하게,***
***물류마진은 합리적이고 투명하게,***
***교육비는 확실하고 알찬 교육에 걸맞도록,***
***광고 분담금은 투명하게"***

이 네 가지를 균형 있게 구성하면 가맹본부도 지속 가능하고, 가맹점사업자와의 신뢰도 유지됩니다. 그리고 위와 같은 내용을 정보공개서에 투명하게 기재해야 함은 물론, 관련 법적 규제도 모두 준수하여야 합니다.

**사장님:** 생각보다 가맹본부 수익을 만드는 게 복잡하네요. 점주들의 장사만 잘 되면 되는 줄 알았는데…

**가맹거래사:** 그게 바로 진짜 가맹본부가 되는 첫걸음입니다. 수익은 곧 책임입니다.

사장님은 조용히 고개를 끄덕였다.

***'나와 점주 모두가 이익을 보는 구조,***
***오래 함께 갈 수 있는 구조를 만들어야겠다.'***

그날 회의는 단순한 수익 계산을 넘어, 프랜차이즈 본부의 철학을 세우는 시간이었다. 사장님은 오늘 배운 내용을 토대로 생각한 내용을 자신의 노트에 정성스럽게 정리해보았다.

### "지속 가능한 본사를 위한 3가지 수익 철학"

**1. 로열티는 브랜드 신뢰의 대가이다.**

가맹점주가 매달 본사에 돈을 낸다는 것은, 그만큼 브랜드를 믿고 사업한다는 뜻이다.

**2. 물류는 품질을 보장하는 수단이어야 한다.**

마진보다 중요한 건, 전국 어디서든 같은 맛을 내게 해주는 공급망이다.

**3. 가맹사업자가 부담하는 모든 비용은 투명하고 합리적이어야 한다.**

비용부담에 대해 가맹점사업자에게 떳떳하게 설명하고 설득할 수 있어야 신뢰를 얻을 수 있다.

## 2-5 브랜드의 표준화, 상표등록

**가맹거래사:** 사장님, 지난번에 자가 진단 체크리스트에서 상표 등록 여부 항목, 기억하시죠?

**사장님:** 아… 사실 아직 못 했습니다. 부모님 가게 명칭을 그냥 쓰고 있었는데, 등록해야겠죠?

**여기서 잠깐!**

**상표**란 자기의 상품(물건)이나 서비스업을 다른 사람의 상품이나 서비스업과 구별하기 위해 사용하는 이름, 로고, 그림, 소리, 냄새 등 모든 표시를 말합니다 (상표법 제2조 제1항 제1호, 제2호). 예를 들어, 단순히 문자 이외에 프랜차이즈 브랜드 이름이나 독특한 로고 또는 시그니처 메뉴명 등이 모두 상표가 될 수 있습니다.

**가맹거래사:** 당연하죠! 오늘 그 이야기를 좀 더 자세히 해볼까 해요. 상표 등록, 이게 왜 그렇게 중요할까요?

**사장님:** 음… 우리 가게 이름을 다른 사람이 못 쓰게 하려고 필요한 것 아닐까요?

**가맹거래사:** 정확히 보셨습니다! 그게 첫 번째 이유예요. 사장님의 '상생버거'라는 이름, 만드신 로고, 이 모든 게 사장님 브랜드의 얼굴이잖아요? 이걸 등록하지 않으면, 다른 사람이 비슷한 이름으로 버거 가게를 열어도 법적으로 막을 수가 없어요. 우리 브랜드를 지키는 가장 튼튼한 방패가 바로 상표 등록인 거죠.

**사장님:** 아, 그럼 '짝퉁'이 생기는 걸 막을 수 있다는 거네요!

**가맹거래사:** 맞아요. 심지어 더 큰 문제가 생길 수도 있습니다. 가맹점사업자들이 우리 브랜드에 투자하고 가맹금을 내는 건, 사장님의 성공 노하우와 함께 '상생버거'라는 이름과 로고를 쓸 수 있기 때문이잖아요. 그런데 상표 등록이 안 되어 있으면, 어떤 문제가 생겨서 가맹점사업자가 이 상표를 못 쓰게 될 수도 있어요. 그럼 가맹점사업자 입장에서는 얼마나 불안할까요? 우리 사업 전체의 신뢰가 흔들릴 수 있다는 거죠.

**사장님:** 듣고 보니 정말 중요하네요. 가맹점사업자들이 불안해하면 안 되죠.

**가맹거래사:** 그럼요. 더 나아가, 만약 사장님 브랜드가 입소문이 나서 유명해졌는데, 누가 사장님보다 먼저 상표를 등록해버리면 어떻게 될까요? 실제로 잘 되던 브랜드가 상표권 문제로 이름을 바꿔야 하거나, 심지어 사업을 접어야 하는 안타까운 일들도 있었습니다. '**선출원주의**'라고 해서, 누가 먼저 출원했는지가 중요하거든요.

**사장님:** 맙소사! **그럼 제가 애써 키운 브랜드를 남에게 빼앗길 수도 있다는 말인가요?**

**가맹거래사:** 안타깝게도 그럴 위험이 있습니다. 그래서 사업을 시작할 때, 아니면 지금처럼 확장을 준비하는 시기에 꼭 상표 등록을 먼저 하는 게 현명합니다.

**사장님:** 아, 그럼 상생버거와 동일, 유사한 상표를 사용하는 햄버거 가게가 이미 있는지부터 빨리 확인해봐야겠어요.

**가맹거래사:** 좋은 생각이십니다. 그리고 나중에 혹시 해외로 진출할 생각도 하고 계신가요? 상표권은 나라마다 효력이 달라서, 국내에서 등록했다고 다른 나라에서도 보호받는 게 아니에요. 해외에 나가려면 그 나라에도 따로 상표권을 등록해야 해요. 예전에 우리나라 유명 빙수 브랜드가 중국에서 상표권을 빼앗겨서 어려움을 겪었던 사례도 있습니다.

**사장님:** 정말 알아야 할 게 많네요. 그럼 상표 등록은 어떻게 하는 건가요?

**가맹거래사:** 보통 변리사 같은 전문가의 도움을 받아서 진행하는 게 가장 안전하고 확실합니다. 우리 브랜드 이름과 로고가 다른 상표랑 겹치지는 않는지, 어떤 품목에 등록해야 우리 버거 사업을 제대로 보호받을 수 있는지 등을 꼼꼼하게 따져봐야 하거든요. 일반인에게는 복잡한 등록 절차지만, 변리사님께 맡기시면 다 알아서 처리해주실 겁니다.

**사장님:** 복잡하긴 하지만, 우리 브랜드의 미래를 위해서는 꼭 해야 할 일이라는 건 확실히 알겠습니다.

**가맹거래사:** 맞습니다. 상표 등록은 단순히 서류 한 장이 아니라, 사장님 브랜드의 가치를 지키고, 가맹점사업자들과 신뢰를 쌓고, 장기적으로 우리 사업을 안정적으로 키워나가는 아주 중요한 밑거름이 될 겁니다. 지금 바로 진행하시는 게 좋습니다.

> *"가맹사업의 핵심은 가맹본부가 자신의 독점적인 '영업표지(브랜드)'를 가맹점사업자에게 사용하게 해주고, 그 대가로 가맹금을 받는 것입니다. 따라서* ***가맹본부가 법적으로 유효한 상표권을 가지고 있지 않다면,***

***가맹점사업자에게 가맹사업의 핵심요소인 '브랜드 사용권'이 불안정하게 되고, 이는 해당 브랜드 가맹사업의 근간을 뒤흔들 수도 있는 심각한 문제**입니다."*

**사장님:** 네, 가맹거래사님 말씀 들으니 더 이상 미룰 수 없겠네요. 바로 알아보겠습니다!

---

브랜드 이름이나 로고를 정했다면, 가장 먼저 해야 할 일 중 하나가 '상표 출원'입니다. 상표권은 단순한 등록 절차가 아니라, 내 브랜드를 보호하고, '가맹사업'을 할 때 꼭 필요한 핵심 자산이기 때문입니다.

게다가 먼저 출원한 사람이 우선권을 갖는 '선출원주의'를 채택하고 있기 때문에 **하루라도 빨리 출원하는 것이 중요합니다.** 내가 쓰고 싶은 상표를 다른 사람이 먼저 출원하거나 등록해버리면, 상표등록을 받을 수 없습니다.

만약 상표권이 없거나, 나중에 다른 제3자와 분쟁이 생기면 단순한 소송 문제가 아니라, 가맹사업 전체가 흔들릴 수 있고, 심지어 가맹점사업자들에게 손해를 배상해야 하는 상황까지 생길 수 있습니다.

따라서 반드시 전문가(변리사 등)의 도움을 받아 상표권 등록 절차를 진행하시기를 강력히 권합니다. 상표권은 프랜차이즈 사업의 가장 강력한 보호막이자 미래 성장을 위한 필수적인 투자입니다.

여기서 **잠깐!**

**상표권 등록 체크리스트**

- 브랜드 명칭, 로고 디자인 확정
- 유사 브랜드 검색 및 사전 검토(특허청 특허정보 검색사이트 키프리스 www.kipris.or.kr 활용)
- 상표명 출원서 작성(특허청 사이트 활용 가능)
- 식음료 업종 해당 NICE 코드 지정(예: 제43류 – 음식점업, 제30류 – 커피 등)
- 등록 후 10년마다 갱신 주기 관리

## 2-6 필수품목 지정과 관리: 공정하고 합리적인 시스템 구축

**가맹거래사:** 사장님, 지난번에 상표 등록 이야기하면서, 우리 브랜드를 보호하는 게 중요하다고 했었죠? 오늘은 그것과 연결되는 또 다른 중요한 이야기, 바로 '필수품목'에 대해 설명해드릴 차례입니다.

**사장님:** 필수품목이요? 아, 가맹점들이 가맹본부에서 꼭 사야 하는 재료 같은 걸 말하는 거죠?

**가맹거래사:** 정확합니다! '상생버거'는 사장님만의 특별한 소스, 패티, 번이 있잖아요? 이 맛과 품질을 모든 가맹점에서 똑같이 유지하려면, 이런 핵심 재료들은 반드시 가맹본부에서 지정한 곳에서 공급받아야 하는데, 이걸 '필수품목'이라고 부릅니다. 법규상 용어는 '구입강제품목'인데요, 어감이 좋지 않아서 '필수품목'이라고 하겠습니다. 이 **필수품목을 통해 가맹본부는 안정적인 수익도 얻고, 브랜드의 통일성도 지킬 수 있는 거죠.**

**사장님:** 그렇다면 필수품목이 너무 많거나 가격이 비싸면 가맹점은 당연히 부담이 되겠네요?

**가맹거래사:** 네, 맞습니다. 바로 그 지점에서 분쟁이 가장 많이 생겨요. 가맹본부가 너무 과도한 마진을 붙이거나, 굳이 필수가 아닌 품목까지 '꼭 가맹본부나 내가 지정한 곳에서만 사라'고 강요하면, 공정위에서 '이건 불공정하다'고 판단할 수 있습니다. 그렇게 되면 시정명령을 받거나 과징금이 부과될 수도 있으니 아주 조심해야 합니다.

**사장님:** 아… 그럼 합리적인 선에서 정해야겠네요.

**가맹거래사:** 그럼요. 더 정확히는 법이 정하는 기준에 맞게 정해야 합니다. 법원에서도 필수품목이 정말 **해당 브랜드의 통일성 및 메뉴의 동일한 품질 유지를 위해 꼭 필요한지 여부를** 아주 꼼꼼하게 따져봅니다. 예를 들어, 식당의 경우 주요 메뉴의 소스는 당연히 가맹본부에서 제공하는 게 맞지만, 일

반 식기류나 청소용품 같은 건 점주가 시중에서 직접 구매해도 맛이나 품질에 영향을 주지 않잖아요? 그런 것까지 필수품목으로 묶는 건 문제가 될 수도 있다는 거죠.

***"필수품목 지정 전,***
***해당 품목이 브랜드 및 메뉴의 동일한 품질 유지를 위해***
***반드시 필요한지를 꼭 확인하세요."***

**사장님:** 그럼 어디까지를 필수로 보고 어디까지는 자율에 맡겨야 할까요?

**가맹거래사:** 그게 바로 가맹본부의 지혜가 필요한 부분입니다. 사장님 브랜드의 **핵심 경쟁력인 '맛'을 유지**하기 위한 소스, 패티, 번처럼 **꼭 가맹본부에서 관리해야 할 품목**을 명확히 정하고, 나머지는 점주가 알아서 구매할 수 있도록 유연성을 주는 거죠. 이 모든 내용은 나중에 정보공개서에도 투명하게 공개해야 합니다.

**사장님:** 결국 '왜 필수인지'를 가맹점사업자가 납득할 수 있어야 된다는 말씀이시죠?

**가맹거래사:** 맞아요. 가맹점사업자들도 '가맹본부가 우리 가게 품질을 지키기 위해 노력하는구나, 그리고 그 과정에서 합리적인 마진을 취하는구나'라고 이해할 수 있어야 합니다. 가맹본부와 가맹점사업자가 서로 투명하게 소통하고 신뢰를 쌓아가는 게 가장 중요합니다. 최근 개정된 법령에서는, 아예 필수품목의 공급가격 산정방식 및 관련 협상절차 등을 계약서 기재하도록 의무화하기도 했습니다. 그만큼 이 부분과 관련된 분쟁이나 불공정 이슈가 많다는 의미겠지요.

**사장님:** 네, 꼼꼼하게 다시 한 번 점검해봐야겠습니다. 불필요한 마찰은 만들지 않는 게 좋겠어요.

**가맹거래사:** 그럼요. 필수품목 관리는 단순히 수익을 넘어, 브랜드의 통일된 품질을 유지하고 가맹본부와 가맹점사업자가 상생하는 '지속 가능한 시

스템'을 만드는 핵심 요소라는 걸 꼭 기억해주세요.

필수품목 지정은 가맹본부의 수익을 창출하는 중요한 수단이지만, 동시에 가맹점사업자와의 신뢰를 좌우하는 민감한 문제입니다. '우리 브랜드의 핵심 가치'를 지키는 데 정말 필수적인 품목만 지정하고, 이 과정에서 합리적인 마진을 책정하는 것이 중요합니다. 투명하게 정보를 공개하고, 가맹점사업자가 납득할 수 있도록 충분히 설명하는 것이 장기적인 상생 관계를 유지하는 비결입니다. 만약 법적 리스크가 걱정된다면 가맹거래사나 가맹거래 전문 변호사와 상담하여 가맹본부의 특성에 맞는 필수품목을 정하고 관련 법적 규제를 준수하도록 준비하는 것이 좋습니다. 서울시에서는 가맹사업 필수품목 기준 및 요건을 업종별로 정리한 자료("서울형 가맹사업 필수품목 가이드라인")를 배포하고 있는데요, 이를 참조하셔도 좋습니다.

■ **필수품목 설정 시 고려사항**

| 고려 사항 | 세부 내용 |
|---|---|
| 가맹사업의 목적과 계약 내용 | 가맹사업의 목적, 가맹점 계약의 내용, 가맹금 지급 방식, 가맹사업 대상 상품/용역과 설비의 관계를 종합적으로 고려합니다. |
| 필수성 여부 | 해당 상품, 원재료, 부재료 등이 가맹사업 경영에 객관적으로 필수적인지 여부를 판단합니다. |
| 통일성 및 품질 유지의 필요성 | 가맹사업의 통일된 이미지와 상품의 동일한 품질 유지를 위해 사양서나 품질 기준만을 제시하고 가맹점사업자가 임의로 구입/설치하도록 할 경우 기술, 표준, 유통, 위생 관리 측면에서 문제가 발생하는지 여부를 고려합니다. |
| 사전 고지 여부 | 정보공개서를 통해 특정 거래상대방과의 거래가 필수적임을 가맹점사업자에게 미리 알리고 계약을 체결했는지 여부를 확인합니다. |

* 출처: 대법원 2006. 3. 10. 선고 2002두332 판결 참조. 가맹사업법 시행령 [별표 2]

## 프랜차이즈 시작 전 필수 체크사항

### ✓ 조리/운영 매뉴얼

누구나 같은 방식으로 일하게 만드는 기준. 서비스 응대, 위생기준 등의 문서화

### ✓ 교육 시스템

가맹점주가 본사의 기준을 익히도록 하는 체계적 훈련 프로그램. 초도 교육, 재교육 포함

### ✓ 공급/물류 체계

원부자재를 가맹점에 일관된 품질로 공급 필요. 중앙공장, 통합 유통망, 공동 구매 구조 활용

### ✓ 상표 및 법적 문서 준비

브랜드 보호를 위한 상표 등록 기본. 정보공개서, 표준계약서 등은 법적 의무

PART 03

# 정보공개서와 가맹계약서 실전편

- 프랜차이즈 법적 준비물, 실수 없이 완성하는 방법 -

## 3-1 정보공개서는 왜 필요할까요?

'상생버거' 본사 준비 회의, 정보공개서와 계약서 사전 점검 중

**가맹거래사:** 이제 정보공개서에 대해 이야기해볼까요? 김 사장님, 혹시 정보공개서에 대해 들어보신 적 있으신가요?

**사장님:** 음… 솔직히 잘 몰라요. 그냥 프랜차이즈 할 때 꼭 필요한 서류라고 들었던 것 같아요. 뭔가 복잡하고 딱딱한 내용이라고 생각했는데… 맞나요?

**가맹거래사:** 네, 맞습니다. 정보공개서는 가맹본부가 가맹희망자에게 제공해야 하는 매우 중요한 법적 서류입니다. 가맹본부의 정보, 가맹계약 조건, 가맹점 운영에 관한 여러 가지 정보들이 상세하게 담겨있죠.

**사장님:** 그럼 왜 그렇게 중요한 거죠? 그냥 계약서만 잘 쓰면 되는 거 아닌가요?

**가맹거래사:** 아닙니다. 정보공개서는 가맹희망자가 충분한 정보를 바탕으로 가맹계약을 결정할 수 있도록 돕는 역할을 해요. 쉽게 말해, **가맹본부에 대한 '설명서'**라고 생각하시면 됩니다. 정보공개서 없이는 가맹계약을 체결할 수 없도록 법으로 정해져 있어요.

***"정보공개서는 가맹본부에 대한 총체적인 설명서"***

**사장님:** 아, 그렇군요. 그럼 정보공개서에는 어떤 내용들이 들어있나요?

**가맹거래사:** 정보공개서에는 정말 다양한 정보가 담겨 있어요. 가맹본부의 일반 현황, 가맹점사업자의 부담, 가맹 조건, 영업 활동 조건, 가맹점사업자의 경영 지도 및 지원 등 50가지가 넘는 정보가 포함됩니다. 이걸 통해 가맹희망자는 가맹 사업에 대한 전반적인 이해를 높이고, 본사의 안정성과 사업성을 판단할 수 있게 되는 거죠.

**사장님:** 50가지나 된다고요? 정말 많네요. 그걸 다 읽어보긴 하나요?

**가맹거래사:** 네, 가맹계약체결 전 정보공개서의 정확성은 매우 중요합니다. 정보공개서에 기재된 내용이 실제 운영 방식과 다르거나 허위 정보가 포함된 경우, 이는 가맹희망자에게 민사상 손해배상 청구의 원인이 될 뿐만 아니라 행정상 제재, 나아가 형사 처벌 대상이 될 수도 있습니다. 가맹본부 사장님께서는 정보공개서의 모든 내용이 사실과 일치하는지, 법률에 위반되는 사항은 없는지 철저히 확인해야 합니다. **특히, 가맹금, 가맹 조건, 매출액 등 중요한 정보는 반드시 객관적이고 정확한 자료에 근거**하여 작성되어야 하며, 가맹희망자가 오해할 소지가 있는 표현은 피해야 합니다. 정보공개서의 오류나 누락은 가맹 사업의 신뢰도를 떨어뜨리고, 법적 분쟁으로 이어질 수 있으므로, 전문가의 도움을 받아 정보공개서를 작성하고 정기적으로 검토하는 것이 중요합니다.

### 정보비대칭의 해소 수단 - 정보공개서

가맹사업의 본질은 가맹본부가 성공적인 사업 모델과 노하우를 가맹점사업자에게 제공하고, 그 대가로 가맹금 등을 받는 것입니다. 그런데 여기서 중요한 점은, 가맹본부는 이미 해당 사업에 대한 모든 정보를 가지고 있지만, 가맹희망자는 그렇지 않다는 것입니다. 이러한 **정보의 불균형**, 즉 정보비대칭성은 가맹사업에서 불공정거래가 발생하는 가장 큰 원인 중 하나입니다.

가맹사업법은 이러한 정보 비대칭을 해소하기 위해 정보공개서 제도를 마련했습니다. 정보공개서는 가맹본부가 가맹희망자에게 가맹계약체결 전에 반드시 제공해야 하는 법정 문서로, 가맹본부의 일반 현황, 가맹사업 현황, 법 위반 사실, 가맹점사업자의 부담 등 가맹사업 전반에 대한 상세하고 객관적인 정보를 미리 알려줌으로써 가맹희망자가 올바르고 합리적인 판단을 내릴 수 있도록 돕는 역할을 합니다(가맹사업법 제2조 제10호).

과거에는 가맹점 수가 5개 이상일 때만 정보공개서 제공 의무가 있었지만,

**현행법은 첫 번째 가맹점을 개설할 때부터 정보공개서를 등록하고 제공하도록 변경**되었습니다. 이는 영세한 가맹본부라도 초기부터 투명성을 확보하고 가맹희망자를 보호해야 한다는 사회적 요구가 반영된 결과입니다. 이제는 가맹본부 창업을 준비한다면, 사업 아이템만큼이나 정보공개서 작성과 등록에 대한 계획을 철저히 세워야 합니다. 정보공개서는 단순한 법적 의무를 넘어, **가맹본부 스스로를 보호하고 미래의 분쟁을 예방하는 가장 강력한 방패**입니다. 왜냐하면 정보공개서에 기재된 정보의 경우 내용의 정확성과 투명성이 본부의 법적 책임을 결정하는 중요한 기준이 되기 때문입니다.

가맹사업법 제7조는 가맹본부가 가맹계약체결 14일 전(가맹희망자가 변호사 또는 가맹거래사의 자문을 받은 경우 7일 전)에 정보공개서와 가맹계약서, 인근 가맹점현황문서(속칭 '3종 문서')를 반드시 제공하도록 규정하고 있습니다. 이 법정 기간을 준수하지 않거나, 정보공개서에 허위 · 과장된 정보를 기재한다면 민사, 형사, 행정상 심각한 법적 리스크에 직면할 수 있습니다.

여기서 **잠깐!**

**정보공개서를 제공하지 않으면 어떻게 될까?**

이 경우 가맹점사업자는 **계약체결 전 또는 계약체결일로부터 4개월 이내에 서면으로 계약을 해지하고 가맹금 반환을 요구**할 수 있습니다(가맹사업법 제10조 제1항 제1호). 이처럼 정보공개서를 제공하지 않는 것은 가맹본부에게 예상치 못한 재정적 손실과 함께 법적 분쟁의 빌미를 제공하게 됩니다.

**사장님:** 저희가 예전에 회사를 운영하면서 벌금을 좀 냈던 적이 있는데, 이런 것도 굳이 알려야 하나요? 그리고 인테리어나 일부 필수품목의 경우 업체로부터 리베이트를 받는데, 솔직히 말씀드리면 이런 것까지 다 공개하면 우리한테 불리한데, 살짝 숨기면 안 될까요?

**가맹거래사:** 절대 안 됩니다, 사장님. 그런 민감한 사항일수록 반드시 정확하게 공개해야 합니다. 법 위반이나 소송 등 중요한 사항을 조금이라도 숨기거나 축소하면, 그 자체가 법률 위반이 되고 나중에 더 큰 손해로 돌아

옵니다. 오히려 가맹희망자에게 투명하게 밝히고 이를 개선한 내용을 덧붙여 설명하는 것이 브랜드에 대한 신뢰를 높이고, 궁극적으로 분쟁을 예방하는 최선의 방법입니다.
실제로 정보공개서와 관련한 법적 책임은 절대로 가볍지 않습니다. 가맹사업법은 구체적으로 다음과 같은 처벌 규정을 두고 있습니다.

**형사처벌(가맹사업법 제41조)**

정보공개서를 제공하지 않거나 허위 내용을 기재하면 2년 이하의 징역 또는 5천만 원 이하의 벌금을 부과받을 수 있습니다. 또한 공정위가 이와 관련하여 시정명령을 내렸음에도 이를 불이행하는 경우에는 3년 이하의 징역 또는 1억 원 이하의 벌금형에 처해질 수도 있습니다. 심각한 법적 리스크가 따르는 만큼 철저한 준비가 필수적입니다.

**과태료**

공정위에 변경사항을 제때 등록하지 않으면 과태료 처분을 받을 수 있습니다. 예를 들어, 최근 3년간 서울시에서 정보공개서 변경등록 지연만으로 총 4억 6,500만 원의 과태료가 부과된 바 있습니다. 과태료는 위반 기간을 일할 계산하여 부과하며, 하루 평균 약 27만 원 정도의 금액이 매겨집니다.

**과징금(가맹사업법 제35조)**

정보공개서의 허위 기재 등 법 위반 사항이 적발되면 가맹본부의 매출액의 2% 범위 또는 최대 5억 원까지 과징금이 부과됩니다.

**민사상 손해배상(가맹사업법 제37조의2)**

가맹본부가 필수품목, 리베이트 내역 등을 기재하지 않을 경우 '기만적인 정보제공행위'(가맹사업법 제9조 제1항)에 해당하여 과징금 등 행정상 제재를 받는 것과 더불어, 그로 인해 가맹점사업자가 입은 가맹비 및 영업손실 등의 손해배상책임을 부담할 수 있고, 이 경우 실제 손해의 3배까지 가중될 수 있습니다(징벌적 손해배상).

**정보공개서 관련 법 위반 사례**

정보공개서와 관련하여 법적 책임이 발생하는 심각한 사례들이 많습니다. 최근 몇 년 동안에도 여러 가맹본부가 정보공개서 관련 법령 위반으로 큰 손실을 입었습니다.

**① 'A 초밥뷔페' 가맹본부 사례(2022년)**

A 초밥뷔페 가맹본부는 정보공개서에 알선 수수료 수취사실 및 영업지역을 침해하여 가맹사업법을 위반한 사실이 민사소송에서 확정된 사실 등을 은폐하고, 직영점이 없음에도 운영한 사실이 있는 것처럼 허위로 기재한 행위에 대하여 공정위로부터 260만 원의 과태료를 부과받았습니다.

(공정위 2022. 3. 16. 의결 2022-074)

**② 'B 샌드위치' 가맹본부 사례(2022년)**

B샌드위치 가맹본부는 정보공개서를 공정위에 등록하지 않고 가맹점을 모집했으며, 예상 수익을 실제보다 과장하여 홍보했습니다. 이에 점주들은 객관적 근거 없이 과장된 예상 수익 정보를 제공해서 손해를 입었다며 소송을 제기했고, 법원은 가맹본부에게 '가맹점사업자에게 6,500만 원을 지급하라'고 판결했습니다. 더불어 공정위는, 위 가맹본부가 인테리어, 주방기구, 가구 등 가맹사업에 필요한 물품 등을 자신 또는 자신이 지정한 자와 거래하도록 강제 또는 권장하고 납품업자로부터 수년 간 약 8억 원이 넘는 금전을 수취하였음에도 해당 내용을 기재하지 아니한 정보공개서를 등록하거나 가맹희망자 또는 가맹점사업자에게 제공한 행위에 대하여 기만적인 정보제공 행위(가맹사업법 제9조 제1항 제2호 위반)로 보아 3억 6,700만 원의 과징금을 부과하였습니다.

(서울중앙지방법원 2020. 10. 20. 선고 2020가단5089144 판결)

**정보공개서 공시제도 도입?!**

현재 공정위가 운영하는 가맹사업정보제공 시스템은 정보 업데이트가 늦어져 통상 예비 창업자들에게 2년이 지난 정보가 제공되고 있습니다. 언론보도에 따르면 2025년 상반기 기준 맘스터치, bhc치킨, 컴포즈커피 등 주요 프랜차이즈 브랜드의 정보공개서가 2023년도에 머물러 있는 것으로 확인되었습니다. 이에 예비 창업자가 가맹본부와 가맹계약을 체결하기 위해 받은 정보공개서가 최근 것이 아니어서 정보공개서의 역할을 제대로 하지 못한다는 비판이 많습니다.

현행 가맹사업법상 가맹본부는 매년 사업연도 종료 후 120일(개인사업자는 180일) 이내에 정보공개서 변경 등록을 신청해야 하지만, 한꺼번에 몰린 심사와 자료 보완 등으로 인해 실제 등록은 연말에나 이뤄지는 경우가 많습니다. 현행과 같은 '등록제'의 경우 관할 관청의 담당관이 정보공개서의 정합성을 심사할 책임이 있기 때문에, 소수의 등록 담당자가 짧은 기간 동안 쏟아지는 다수의 정보공개서를 일일이 검토하고 보완을 요청할 수밖에 없어 심사기간이 길어질 수밖에 없는 한계가 있습니다.

공정위는 이러한 현행 제도의 문제를 해결하기 위해 '2025년 주요 업무계획' 중 하나로 **정보공개서 공시제도**의 도입을 내걸었습니다. 이는 가맹본부가 별도의 사전 심사 없이 자신의 책임 하에 정보공개서를 공시하도록 허용한 후 사후 통제를 하는 방식입니다.

공정위 가맹점 거래 정책 담당자는 정보공개서 제출 후 자료 보완 요청으로 인해 실제 등록이 늦어지는 경우가 많다고 설명하며, 현재 공시제 도입을 위한 법안 마련과 실무작업이 진행 중임을 밝혔습니다. 업계 소식에 따르면 2025년 내로 관련 개정안을 통과시킬 예정이라고 하므로, 빠르면 2026년부터 공시제가 시행될 수 있을 것으로 예상됩니다.

정보공개서 공시제도가 도입되면 예비 창업자들은 더욱 신속하게 최신 가맹본부 정보를 얻을 수 있을 것으로 기대됩니다. 다만, 공시된 정보공개서의 내용에 대한 책임이 가맹본부에 집중됨에 따라, 가맹본부는 **정보공개서 작성에 있어 허위, 과장의 정보를 기재하지 않는 것은 물론, 필요한 내용을 기재하지 않거나 오해의 소지가 없도록 더욱 신중을 기하여야 합니다.**

**가맹거래사:** 가맹사업에서 신뢰와 투명성은 단지 도덕적인 가치에 머무는 게 아니라 현실적으로 큰 경제적 손실이나 **법적 책임을 예방하는 매우 중요한 요소**입니다. 정보공개서는 바로 그러한 신뢰와 투명성을 위한 필수적인 출발점이라고 생각하시면 됩니다. 정보공개서를 철저히 준비하고 등록하는 일이 조금은 번거로울 수 있지만, 이것을 제대로 갖추어야 비로소 안정적이고 지속 가능한 프랜차이즈 사업을 시작할 수 있습니다.

정보공개서가 왜 중요한지 충분히 이해하셨다면, 이제 본격적으로 정보공개서의 핵심 항목을 어떻게 작성해야 하는지 하나하나 살펴보겠습니다.

## 3-2 정보공개서의 모든 것: 항목별 작성법과 법적 리스크 완벽 분석

**사장님:** 거래사님, 지난번에 정보공개서 꼭 필요하다고 하셔서 준비를 시작했는데, 작성하려고 보니 너무 복잡하네요. 항목도 너무 많고, 이걸 다 써야 하나 싶습니다. 특히 저희가 아직 신생 본부라 재무 상태나 가맹점 수가 내세울 게 없는데, 솔직히 다 보여주기가 좀 부담스럽습니다. 그냥 형식적인 서류라면 일부 항목은 대충 써도 되지 않을까요?

**가맹거래사:** 사장님, 바로 그 지점 때문에 오늘 이 자리가 필요합니다. 정보공개서는 절대 형식적인 서류가 아닙니다. 가맹희망자에게는 우리 브랜드와 계약할지 말지를 결정하는 가장 중요한 '투자 설명서'이고, 사장님께는 미래에 발생할 수 있는 모든 법적 분쟁에서 지켜줄 가장 강력한 '방패'입니다. 오히려 내용이 부실하거나 사실과 다를 때, 그 방패가 우리를 공격하는 칼이 될 수 있습니다. 이제부터 조금 지루하고 어려울 수 있지만, 꼭 한 번은 확실히 배우고 가셔야 하는 부분입니다. 준비되셨나요?

**사장님:** (필기 준비를 하며) 네!

### 정보공개서의 구성항목

**가맹거래사:** 가맹사업법 제2조 제10호는 정보공개서의 필수 기재사항을 명확히 규정하고 있고, 같은 법 시행령 제4조 별표 1은 각 항목별 기재사항에 대하여 구체적으로 설명하고 있는데요, 그 개요는 다음 표와 같습니다.

| 항목 | 주요 기재내용 요약 |
|---|---|
| 가맹본부의 일반 현황 | 설립일, 사업자등록번호, 대표자, 최근 3년간 가맹사업 운영 실적 및 특수관계인의 관련 사업 정보 |
| 가맹본부의 가맹사업 현황 | 가맹점/직영점 수, 사업 연혁, 신규 · 폐점 추이, 지역별 평균 매출, 업종, 광고비 · 가맹금 예치 정보 |

| 항목 | 주요 기재내용 요약 |
|---|---|
| 가맹본부 및 임원의 법 위반 사실 | 최근 3년간 공정위 제재, 형사처벌, 민사소송 패소, 정보공개서 등록취소 이력 등 |
| 가맹점사업자의 부담 | 가맹비, 교육비, 인테리어, 필수물품비 등 개설 전 · 후 및 계약 종료 후 부담사항과 반환조건 |
| 영업활동 조건과 제한 | 필수품목 거래 강제 여부, 가격 결정 제한, 영업지역 설정 기준, 온라인 판매 조건 등 |
| 영업 개시 절차 및 소요기간 | 가맹계약체결부터 오픈까지 절차, 각 단계별 소요 기간 및 비용, 분쟁 발생 시 해결 절차 |
| 경영 및 영업활동에 대한 지원 | 점포 환경개선, 인력 지원, 경영상 자문, 금융지원 여부 등 본사의 경영지원 체계 |
| 교육 및 훈련 | 필수 교육 여부, 시간, 비용, 교육 대상자, 불참 시 불이익 등 교육제도 전반 |
| 직영점 현황 | 직영점 명칭 및 소재지, 평균 운영기간, 연간 평균매출 등 본사의 실제 운영능력 근거 제시 |

### 표준정보공개서

**가맹거래사: 표준정보공개서란,** 가맹사업법 제7조 제4항 및 같은 법 시행령 제7조에 따라 공정위가 정하여 가맹본부 또는 가맹본부로 구성된 사업자단체에게 사용을 권장하는 정보공개서의 표준양식을 의미합니다. 이는 가맹희망자에게 실효적인 정보공개서를 제공하고 가맹본부의 업무 편의를 높이며 가맹사업의 공정한 거래 관행을 정착시키기 위한 목적으로 마련되었습니다.

표준정보공개서는 '가맹사업거래 정보공개서 표준양식에 관한 고시'라는 행정규칙에서 찾을 수 있습니다. 제가 직접 찾는 과정을 보여드릴테니 잘 따라오세요.

**우선, 포털사이트에 '표준정보공개서'를 검색합니다.**

**검색결과 중 국가법령정보센터의 '가맹사업거래 정보공개서 표준양식에 관한 고시'를 클릭**합니다.

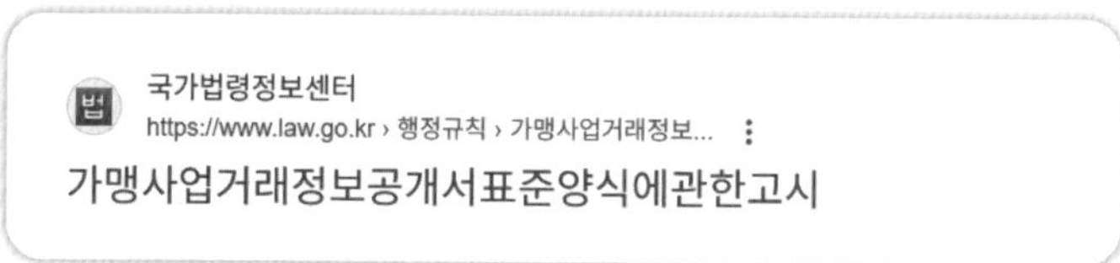


**고시가 나오죠? 그중 왼쪽 목차 탭에서 '별표/서식' 항목을 클릭**합니다.

가맹사업거래 정보공개서 표준양식에 관한 고시

[시행 2021. 11. 19.] [공정거래위원회고시 제2021-15호, 2021. 11. 19., 일부개정]

공정거래위원회(가맹거래정책과), 044-200-4992

**제1조(목적)** 이 고시는 「가맹사업거래의 공정화에 관한 법률」(이하 "법"이라 한다) 제7조(정보공개서의 제공의무 등) 제4항 및 법 시행령 제7조(정보공개서의 표준양식)에 따라 정보공개서의 표준양식을 정하여 가맹본부 또는 가맹본부로 구성된 사업자단체에게 그 사용을 권장함으로써 가맹희망자에게 실효적인 정보공개서를 제공하고 가맹본부의 업무편의를 높이며 나아가 가맹사업의 공정한 거래관행이 정착되게 함을 목적으로 한다.

**위 고시 중 '[별지] 표준정보공개서'를 클릭하여 표준정보공개서를 확인합니다.** 표준정보공개서에는 세부 항목별로 기재 예시와 방법 등이 잘 설명되어 있으니 작성 시 참고하세요. 물론, 실제로는 통상 가맹거래사님께 작성을 맡기시겠지만, 사장님도 어떤 내용이 어떻게 기재되는지는 알고 계시는 것이 좋습니다. 특히 이후 정보공개서 공시제가 시행되면 사장님께서 정보공개서의 내용을 더 잘 알고 계셔야 합니다.

여기서 **잠깐!**

**다른 가맹본부의 정보공개서 열람**

공정위 가맹사업거래 홈페이지에서는 대한민국에서 운영 중인 모든 가맹본부의 정보공개서를 열람할 수 있습니다. 외국계 기업의 경우에도 대한민국에서 운영 중이라면 열람가능합니다.

1. **공정위 가맹사업거래 홈페이지 접속:** 공정위에서 운영하는 가맹사업거래 홈페이지에 접속합니다(https://franchise.ftc.go.kr).
2. **정보공개서 검색:** 홈페이지 내 '정보공개서' 메뉴에서 검색 기능을 활용합니다. 브랜드명, 법인명, 대표자명 등 원하는 검색 조건으로 해당 가맹본부의 정보공개서를 찾을 수 있습니다.
3. **정보공개서 열람:** 검색된 정보공개서를 클릭하여 세부 내용을 열람합니다. 여기에는 가맹본부 현황, 가맹점사업자의 부담, 가맹 조건, 영업활동 조건, 경영지원 등 다양한 정보가 포함되어 있습니다. 단, 정보공개서의 모든 정보가 공개되는 것은 아닙니다.

## 심사지침 내용을 통해 알아보는 정보공개서의 주요 항목별 작성법

### ① 가맹본부의 일반 현황: 우리의 '신분증'을 투명하게 제시하는 법

**가맹거래사:** '가맹본부의 일반 현황'은 말 그대로 가맹본부의 기본적인 신상명세서입니다. 가맹희망자는 이 항목을 통해 '내가 계약하려는 회사가 어떤 곳인가'를 가장 먼저 파악합니다. 따라서 모든 정보는 한 치의 오차 없이 정확하고 투명하게 기재되어야 합니다. 심사지침에 나온 내용을 중심으로 차근차근 설명드릴게요.

#### 가맹본부의 일반 정보 및 특수관계인 현황

**가맹거래사:** 여기서 특히 주의해야 할 부분은 **'특수관계인' 현황**입니다. 가맹사업법 시행령은 특수관계인의 범위를 가맹본부를 사실상 지배하는 자, 그의 배우자 및 6촌 이내의 혈족, 4촌 이내의 인척, 계열회사, 가맹사업에 실질적으로 참여하는 임직원 등으로 폭넓게 규정하고 있습니다.

만약 특수관계인이 동종 또는 유사업종의 다른 가맹사업을 경영하고 있다면, 이는 가맹희망자 입장에서 매우 중요한 정보입니다. 예를 들어, A 떡볶이 가맹본부 대표의 배우자가 B 튀김 브랜드를 운영하고 있다면, 두 브랜드 사이에 식자재 공급 등 내부거래가 발생할 수 있거나, 향후 두 브랜드가 경쟁 관계에 놓일 가능성을 배제할 수 없습니다. 이러한 잠재적 이해충돌 가능성을 사전에 투명하게 공개하지 않으면, 훗날 기만적인 정보제공으로 문제될 수 있으니 이 부분을 누락하지 않도록 주의가 필요합니다.

### 재무상태 및 가맹사업 관련 매출

**가맹거래사:** 가맹희망자에게 본사의 재무제표를 공개하는 것은 많은 신생본부들이 가장 부담스러워하는 부분이지만, 본사의 재무 건전성은 가맹점의 생존과 직결되는 문제이기도 합니다. 따라서 **정보공개서에는 최근 3개 사업연도의 재무상태표(대차대조표)와 손익계산서를 반드시 첨부**하고, 자산, 부채, 자본, 매출액, 영업이익, 당기순이익 등을 요약표로 제시해야 합니다.

재무적으로 불안정한 가맹본부는 약속했던 마케팅 지원이나 신메뉴 개발(R&D), 슈퍼바이저 지원 등을 제대로 이행하기 어렵고, 심지어 본사가 부도라도 나면, 가맹점들은 물품 공급이 끊기는 등 직접적인 타격을 입고 하루아침에 문을 닫아야 할 수도 있습니다. 따라서 부채비율이 과도하게 높거나 수년째 적자가 지속되는 등 재무 상태가 좋지 않다면, 이를 감추기보다 오히려 재무구조 개선 계획이나 투자 유치 계획 등을 함께 설명하여 가맹희망자의 우려를 해소해 주는 것이 현명합니다.

### 임원 명단 및 지식재산권

**가맹거래사:** 가맹본부 임원진의 경력은 본사의 전문성과 운영 능력을 보여주는 중요한 지표입니다. 더 중요한 것은 '지식재산권' 현황인데요, **이 부분에서는 브랜드의 핵심 자산인 상표권, 서비스표, 특허권 등의 권리 상태를 정확히 기재**해야 합니다.

여기서 가장 많이 하는 실수가 '출원'과 '등록'을 혼동하는 것인데요, 상표권은 특허청에 신청서를 제출한 '출원' 상태와, 심사를 통과하여 권리가 발생한 '등록' 상태는 서로 엄연히 다르므로 양자를 잘 구분해서 기재해야 합니다.

### ② 가맹본부의 가맹사업 현황: 브랜드의 '성적표'를 정직하게 공개하기

**가맹거래사:** '가맹사업 현황'은 브랜드의 현재 시장 위치와 성장 가능성을 보여주는 객관적인 성적표입니다. 가맹희망자는 이 항목을 통해 '이 브랜드에 투자하면 미래가 있을까?'를 판단하므로, 모든 수치는 객관적인 사실에 근거하여 정직하게 공개해야 합니다.

#### 가맹점 및 직영점 수 변동 내역

**가맹거래사:** 정보공개서에는 최근 3년간의 가맹점 및 직영점 수를 지역별로 기재하고, 가맹점 수의 변동 내역을 상세히 밝혀야 합니다. 변동 내역에는 '신규 개점', '계약 종료', '계약해지', '명의 변경'이 포함되는데요, 각 수치는 다음과 같은 의미를 가집니다.

- **신규 개점:** 브랜드의 성장성과 인기를 보여주는 지표.
- **계약 종료 및 해지:** 브랜드의 안정성을 나타내는 핵심 지표. 계약 기간 만료로 인한 '계약 종료'보다, 중도에 계약을 파기하는 '계약해지'율이 높다면 본사의 운영 시스템이나 수익성에 심각한 문제가 있을 수 있다는 위험 신호.
- **명의 변경:** 가맹점의 수익성을 간접적으로 보여주는 지표. 명의 변경이 활발하다는 것은 기존 점주가 권리금을 받고 다른 사람에게 점포를 넘길 만큼 장사가 잘된다는 긍정적인 신호로 해석될 수 있음.

#### 가맹점의 연간 평균 매출액

**가맹거래사:** 이 항목은 정보공개서에서 **가장 민감하고 법적 분쟁의 소지가 큰 부분**입니다. 가맹사업법은 예상 수익상황에 관한 정보를 제공할 경우, 반드시 객관적인 근거를 갖춘 서면으로 하도록 규정하고 있는데, 합리적 이유나 근거 없이 정보공개서상의 평균 매출액과 큰 차이가 발생할 경우 허위·과장정보제공에 해당하여 여러 제재를 받을 수 있습니다. 따라서 정보공개서에 연간 평균 매출액을 기재할 때는 다음 원칙을 반드시 지켜 정확히 기재하여야 합니다.

• **객관적 산정 근거 제시:** POS(판매시점 정보관리 시스템) 데이터나 물품공급액을 기반으로 한 추정치 등, 매출액을 산출한 구체적인 근거를 명시해야 함.
• **지역별 · 면적별 세분화:** 전국 평균뿐만 아니라, 가맹점이 5곳 이상인 광역지자체별 평균 매출액을 구분하여 제시해야 함.
• **허위 · 과장 정보 절대 금지:** 일부 우수 가맹점이나 목 좋은 직영점의 매출액을 전체 평균인 것처럼 제시하는 것은 명백한 허위 · 과장 정보제공 행위임.

### 광고 · 판촉비 집행 내역 및 가맹금 예치

**가맹거래사:** 가맹점사업자에게 비용을 분담시키는 광고나 판촉 행사는 본사 마음대로 할 수 없습니다. 법에서 정한 사전 동의 절차를 거치지 않거나, 비용 집행 내역을 투명하게 공개하지 않을 때 분쟁이 발생합니다. 이에 정보공개서에도 이러한 가맹점사업자의 부담 내역을 기재하도록 정하고 있습니다.

■ **정보공개서 내 광고 및 판촉 활동 비용 분담 기준 기재 예시**

| 구분 | 수단 | 기간 | 지출 비용 (단위: 천 원, 부가세 미포함) | | | 비고 |
|---|---|---|---|---|---|---|
| | | | 합계 | 가맹본부 | 가맹점 | |
| 합계 | | | 342,000 | 295,000 | 47,000 | |
| 광고 | 소계 | | 230,000 | 230,000 | - | |
| | TV | 2018.3.1.~3.7. | 150,000 | 150,000 | - | KTV |
| | 라디오 | 2018.10.~12. | 30,000 | 30,000 | - | 반포라디오 |
| | 인터넷 | 연중 | 50,000 | 50,000 | - | ftc.com |
| 판촉 | 소계 | | 112,000 | 65,000 | 47,000 | |
| | 1월 행사 | 2018.1.5.~1.18. | 35,000 | 20,000 | 15,000 | |
| | 추석 행사 | 2018.9.15.~9.29. | 77,000 | 45,000 | 32,000 | 한가위와 함께하는 돈돈돈! 이벤트 |

* 출처: 표준정보공개서

**가맹거래사:** 이어서 가맹본부가 직전 사업연도에 집행한 광고비와 판촉비 내역을 기재하는 항목입니다. 가맹본부가 가맹점사업자에게 광고 · 판촉 비용을 분담시키는 경우, 그 기준과 내역을 투명하게 공개해야 하는데요, 가맹사업법 제12조의6은 가맹점사업자가 비용을 일부라도 부담하는 광고나 판촉 행사를 실시할 경우, 사전에 약정을 체결하거나 전체 가맹점사업자의 일정 비율(광고 50%, 판촉 70%) 이상의 동의를 받도록 의무화하고 있습니다. 이러한 절차 없이 일방적으로 비용을 징수하고, 집행 내역을 불투명하게 관리하면 거래상 지위 남용으로 제재를 받을 수 있음을 명심하세요.

또 중요한 것은 '가맹금예치'입니다. 이는 가맹본부의 일명 '먹튀'를 방지하기 위한 제도입니다. 가맹본부가 가맹점사업자피해보상보험에 가입하지 않았다면, **가맹희망자로부터 받은 가맹금(가입비, 교육비, 보증금 등)을 곧바로 사용하는 것이 아니라, 은행 등 제3의 예치기관에 예치해야 합니다.** 예치된 돈은 가맹점이 정상적으로 개점하거나 계약체결 후 2개월이 지나야 본사에 지급됩니다.

### ③ 가맹본부와 그 임원의 법 위반 사실: '과거'를 정직하게 마주하기

**가맹거래사:** 가맹본부 및 그 임원의 최근 3년간 법 위반 이력은 본사의 신뢰도와 도덕성을 판단하는 핵심 지표입니다. 이를 의도적으로 누락하거나 축소하여 기재하는 것은 가맹희망자의 판단을 방해하는 명백한 '기만적인 정보제공 행위'에 해당합니다. 사례를 통해서 조금 깊이 알아볼까요?

**'A 초밥뷔페' 가맹사업법 위반 민사소송 사실 미기재에 대한 제재 사례**

A 초밥뷔페 가맹본부는 공정위원회로부터 영업지역 침해로 시정조치를 받은 사건과 관련된 민사소송에서 2019년 6월 패소하고 7월에 확정되었음에도 불구하고, 2020년 8월 20일 전까지 정보공개서에 이러한 패소 사실을 기재하지 않았습니다. 공정위는 가맹본부의 법 위반 사실이나 관련 민사소송 정보는 가맹본부의 준법의식 및 불공정거래행위에 관한 정보로서 가맹점사업자가 해당 가맹본부와 계약을 체결할지 여부에 상당한 영향을 미치므로 중대한 정보에 해당한다고 보았습니다.

〈표 8〉 2020. 8. 20. 개정 전 정보공개서 중 법 위반사실에 관한 내용

Ⅲ. 가맹본부와 그 임원의 법 위반 사실

2. 민사소송 및 민사상 화해

당사와 당사의 임원은 정보공개일 현재 최근 3년 동안 가맹사업거래와 관련하여 가맹사업거래의 공정화에 관한 법률 또는 독점규제 및 공정거래에 관한 법률을 위반하거나 사기 · 횡령 · 배임 등 타인의 재물이나 재산상 이익을 영득 또는 이득하는 죄로 받은 유죄의 확정판결과 관련된 민사소송에서 패소의 확정판결을 받았거나, 민사상 화해를 한 사실이 **없습니다**.

공정위는 위와 같은 사항뿐만 아니라 부당하게 거래상대방을 구속하였다는 점, 정보공개서에 여러 허위 또는 기만적인 정보를 기재하였다는 점을 인정하여 A 초밥뷔페에 대해 **시정명령과 4억 2천만 원의 과징금**, 그리고 **260만 원의 과태료**를 부과했습니다.

(공정위 2022. 3. 16. 의결 2022-074)

**가맹거래사:** 이 항목은 협상의 여지가 없는 절대적인 공개 의무 사항입니다. 따라서 다음 사항을 명심하여 정보공개서에 빠짐없이 기재해야 합니다.

- **모두 공개하라:** 최근 3년간 가맹사업법, 공정거래법, 약관규제법 위반으로 받은 시정권고 이상의 조치, 관련 민사소송 패소 및 화해, 사기 · 횡령 · 배임 등 관련 형사처벌 이력을 모두 기재해야 합니다.
- **임원 이력도 포함하라:** 가맹본부뿐만 아니라 대표이사 등 임원의 법 위반 이력도 반드시 포함해야 합니다.
- **정기 · 수시 변경등록을 철저히 하라:** 법 위반 사실이 발생하면 즉시 수시 변경등록을 통해 정보를 업데이트해야 합니다. 이를 지연할 경우 과태료가 부과됩니다.

과거의 잘못을 공개하는 것이 부담스러울 수 있지만, 이를 누락하거나 축소하는 것은 더 큰 위험을 초래합니다. 법 위반 이력 누락은 그 자체로 '기

만적인 정보제공 행위'에 해당하여 공정위로부터 고액의 과징금을 부과받을 수 있습니다.

### ④ 가맹점사업자의 부담: 돈, 어디에 얼마나 들어가는가

**가맹거래사:** 가맹희망자에게 가장 현실적인 정보는 바로 '돈'에 관한 것입니다. 창업부터 운영, 그리고 계약 종료까지 총 얼마의 비용이, 언제, 누구에게 지급되어야 하는지를 명확하고 상세하게 알려주어야 합니다.

#### 영업개시 이전의 부담(최초 가맹금 등)

**가맹거래사:** 가맹점을 열기 위해 초기에 들어가는 모든 비용을 항목별로 세분화하여 기재합니다. 주요 항목은 가입비, 교육비, 보증금, 인테리어, 필수 설비 및 집기, 최초 공급 상품 비용 등인데요, 여기서 핵심은 '구체성'입니다. 인테리어나 설비 비용처럼 금액이 확정되지 않은 항목은 'OO~OO원'과 같이 **상한과 하한**을 포함한 구간으로 표시하고, 면적(3.3㎡)당 단가 등 **구체적인 산출 근거**를 반드시 제시해야 합니다.

#### 영업 중의 부담(로열티, 차액가맹금 등)

**가맹거래사:** 이 항목에서는 가맹점사업자가 매장을 운영하면서 지속적으로 발생하는 비용을 기재합니다. 상표사용료(로열티)는 매월 일정 금액을 내는 '정액 방식'인지, 매출의 일정 비율을 내는 '정률 방식'인지 명확히 해야 합니다.

*"잊지 말아야 할 것은, **차액가맹금**"*

다음은, 최근 프랜차이즈 업계의 "뜨거운 감자"인 차액가맹금입니다. 차액가맹금이란, 가맹본부가 가맹점사업자에게 필수품목 등을 공급하면서 **'적정한 도매가격'을 초과하여 얻는 유통 마진**을 의미합니다. 과거 많은 본부들이 '로열티 없음'을 내세우며 이 차액가맹금으로 숨은 수익을 올려온 것이 사실입니다.

이러한 차액가맹금은 가맹사업법상 **가맹금의 일종으로 간주**됩니다. 많은 본부들이 로열티 대신 이 차액가맹금을 주 수익원으로 삼는데, 그 규모와 산정 방식을 투명하게 공개하지 않아 '숨겨진 수익'이라는 비판과 함께 분쟁의 핵심 원인이 되어 왔습니다.

정보공개서에 차액가맹금 관련 내용도 기재해야 하는데요, 관련 정보를 누락하거나 축소하는 것은 '기만적인 정보제공 행위'에 해당할 수 있습니다. 따라서 다음을 명심해야 합니다.

- **정확한 규모를 산정하여 기재할 것:** 표준정보공개서 양식에 따라, **직전 사업연도의 가맹점당 평균 차액가맹금 지급액**과 **매출액 대비 평균 차액가맹금 지급 금액의 비율**을 반드시 명시해야 합니다. 만약 정확한 산정이 어렵다면 추정치임을 밝히고, 그 구체적인 산정 방식을 상세히 설명해야 합니다.
- **'적정한 도매가격'의 기준의 이해할 것:** 차액가맹금은 '적정한 도매가격을 넘는 대가'를 의미합니다. 여기서 적정한 도매가격이란 결국 본사가 다른 사업자로부터 구매한 가격(매입원가)을 의미하므로, 이를 기준으로 마진을 투명하게 산정하고 공개해야 합니다.

**정보공개서 내 차액가맹금 기재 예시**

**2) 구입요구 품목 구입을 통한 가맹금 지급**

가맹점사업자가 필수품목(강제, 권장)의 거래를 통해 당사에 지급하는 대가 중 적정한 도매가격을 넘는 대가(이하 "차액가맹금"이라 한다)의 (2018)년도 평균 규모는 다음과 같습니다.

| 구분①(기준: 2018년) | 내용② |
|---|---|
| 가맹점당 평균 차액가맹금 지급금액③ | |
| 가맹점당 평균매출액 대비 평균 차액가맹금 지급금액의 비율④ | |

[가맹점당 평균 차액가맹금 지급금액은 추정금액으로 2018년도에 당사가 가맹점사업자에게 공급한 구입요구품목의 매출액에서 해당 품목의 구매금액 합을 뺀 차액을 6개월 이상 운영한 가맹점수로 나눈 금액입니다. 이 경우 전년도에 구입하여 금년에 공급하는 부분, 금년에 구입하였으나 아직 공급하지 않은 부분, 자체 생산품목에 대한 차액가맹금 미포함 등으로 인한 오차가 발생할 수 있습니다.]

* 출처: 표준정보공개서

최근 한국피자헛 판결은 가맹본부의 차액가맹금 수취 관행에 경종을 울렸습니다. 법원은 "정보공개서에 기재했다는 사실만으로 차액가맹금 수취에 대한 계약상 합의가 있었다고 볼 수 없다."라고 판시하여 약 90여 명의 가맹점사업자들에게 5년간 합의 없이 수취한 물류마진 일체, 약 210억 원을 부당이득으로 반환하라는 취지의 판결을 선고했습니다(서울고등법원 2024. 9. 11. 선고 2022나2024467 판결). 이는 가맹본부가 필수품목 등의 물류마진, 즉 **차액가맹금을 정당하게 받으려면,** 단순히 정보공개서에 공개하는 것을 넘어 **가맹점사업자와 합의가 이루어져야 함**을 시사합니다.

### ⑤ 영업활동에 대한 조건 및 제한: 분쟁의 지뢰밭, 어떻게 기재해야 할까

**가맹거래사:** 이 항목은 가맹사업의 통일성 유지를 위해 불가피한 측면이 있지만, 가맹점사업자의 자율성을 과도하게 침해하여 가장 많은 분쟁을 낳는 '지뢰밭'과 같은 영역입니다. 따라서 법의 테두리를 명확히 이해하고 신중하게 작성해야 합니다.

#### 물품 구입 및 임차(필수품목 지정)

**가맹거래사:** 가맹점 운영에 필요한 품목들을 나열하고, 각 품목이 본사 또는 지정업체로부터 구매해야 하는 **강제(필수) 품목인지, 아니면 권장 사항인지** 여부를 명확히 구분하여 기재해야 합니다.

필수품목은 브랜드의 맛과 서비스 통일성을 위해 가맹본부가 가맹점에게 자신 또는 지정된 업체로부터 구매하도록 강제하는 품목을 말합니다. 하지만 본사가 이 권한을 남용하여 브랜드 통일성과 무관한 품목까지 강제하면서 시중가보다 월등히 비싼 가격으로 공급할 때 분쟁이 발생할 수 있는데, 이러한 과도한 필수품목 설정 및 강제는 가맹사업법상 불공정거래행위 중 '거래상대방 구속행위'에 해당할 수 있습니다.

**그렇다면, 어떤 기준으로 필수품목을 정하고 기재해야 할까요?** 공정위 심사지침은 필수품목 지정이 정당성을 인정받기 위한 요건을 매우 엄격하게 정하고 있는데요, 구체적으로 다음과 같습니다.

- **'진짜' 필수품목만 지정할 것:** 심사지침에 따르면, **가맹사업 경영에 필수적이고, 다른 곳에서 구매할 경우 상표권 보호나 상품의 동일성 유지가 어렵다는 사실이 '객관적으로 인정'될 때만 강제가 가능합니다.** 따라서 외식 브랜드의 경우 특제 소스, 전용 파우더처럼 브랜드의 핵심 정체성, 즉 주요 메뉴와 직결된 품목으로 최소화해야 합니다. 심사지침은 시중에서 쉽게 구할 수 있는 일반 공산품(냅킨, 주방세제 등)이나, 품질 기준만 제시하면 동일성을 유지할 수 있는 품목을 강제하는 행위를 명백한 위법 행위의 예시로 들고 있습니다.
- **정보공개서에 명확히 표기할 것:** 표준정보공개서 양식에 따라, 각 품목별로 거래 형태가 '강제'인지 '권장'인지, 그리고 해당 품목을 통해 '차액가맹금'을 수취하는지 여부를 O/X로 명확히 기재해야 합니다. 애매한 표기는 금물입니다.
- **가격 정보를 투명하게 공개할 것:** 표준정보공개서에는 주요 품목별 직전 사업연도 공급가격의 상 · 하한을 기재해야 합니다. 또한, 2024년 7월 3일부터 시행된 개정 가맹사업법에 따라 이제 가맹계약서에도 공급가격 산정 방식을 의무적으로 기재해야 하므로, 정보공개서와 계약서의 내용이 일치하도록 관리해야 합니다.

**정보공개서 내 필수품목 기재 예시**

**1. 물품 구입 및 임차**

1) 귀하가 [반포삼겹살]을 시작하거나 경영하기 위하여 필요한 부동산 · 용역 · 설비 · 상품 · 원재료 또는 부재료 등의 구입 또는 임차와 관련하여, 당사 또는 당사가 지정하는 자와 거래하는 품목은 다음과 같습니다.

가) 물품 구입 및 임차 현황

| 구분① | 품목② | 규격③ | 거래 형태④ | 거래 상대방⑤ | 차액가맹금 수취 여부⑥ |
|---|---|---|---|---|---|
| 부동산 | 해당없음 | | | | X |
| 용역 | POS 사용료 | 시스템 사용료 | 강제 | OO시스템 | X |
| | . . . . | | | | |
| 설비 | 냉장고 | 1,000 ℓ | 권장 | OO전자 | X |
| | . . . . | | | | |
| 상품 | 포장삼겹살 | 500g | 권장 | 당사 | O |
| | 특제소스 | 300ml | 강제 | ㈜한라산 | X |
| | . . . . | | | | |
| 원 · 부재료 | 삼겹살 | 10kg | 강제 | 당사 | O |
| | 오겹살 | 5kg | 강제 | 당사 | O |
| | . . . . | | | | |
| . . . . | | | | | |

[귀하가 위 표의 거래형태에 강제로 기재된 물품을 지정된 사업자가 아닌 자에게 공급받으려는 경우에는 사전에 가맹본부에게 서면으로 통지하여 승인을 받아야 합니다. 그렇지 않을 경우 불이익을 받을 수 있으므로 주의하여야 합니다.]
[당사는 경영환경의 변화 등으로 필요한 경우 위 표에 기재된 상품 · 용역 외에 다른 품목도 추가할 수 있습니다. 이 경우 가맹점사업자의 동의를 미리 얻도록 하고 있으며, 동의가 없는 경우에는 본 정보공개서의 내용에 따라 사업을 진행합니다.]

* 출처: 표준정보공개서

특히 **2024년과 2025년에 걸쳐 시행되는 개정 가맹사업법령**은 이 부분을 더욱 엄격하게 규제하고 있습니다. 이제 정보공개서뿐만 아니라 **가맹계약서에도 필수 품목의 종류와 공급가격 산정방식을 명시**해야 하며(2024. 7. 3. 시행), 가격 인상 등 가맹점사업자에게 불리하게 거래조건을 변경할 경우 반드시 **사전에 협의**해야 하고 그 협의 절차 또한 계약서에 명시해야 합니다(2024. 12. 5. 시행).

### 가맹점사업자의 영업지역 보호

**가맹거래사:** 영업지역 보호는 가맹점사업자의 안정적인 수익을 보장하는 핵심 권리입니다. 물론 개별 가맹점사업자의 영업지역은 해당 계약서에서 구체적으로 정해지겠지만, **정보공개서에는 그러한 영업지역 설정의 기준(예: 점포 중심 반경 OOm, 특정 행정구역 등)과 설정 방법을 명확히 기재**해야 합니다. 'OO동 일대', '인근 상권'과 같은 모호하고 추상적인 표현은 향후 그 범위에 대한 분쟁의 씨앗이 됩니다.

■ 정보공개서 내 영업지역 기재 예시

| 설정 기준① | 설정방법② |
|---|---|
| 인구 ○만 명 당 1점포 | 별지에 영업지역 표시<br>(지도별첨을 원칙으로 함) |
| 점포를 중심으로 반경 00㎞ | 별지에 영업지역 표시<br>(지도별첨을 원칙으로 함) |
| 행정구역당 1점포<br>단, 특수상권(백화점, 마트, 시장, 지하상가, 공항, 호텔 등)은 행정구역과 상관없이 별도의 영업지역으로 인정 | 별지에 영업지역 표시<br>(지도별첨을 원칙으로 함) |
| . . . . | |

* 출처: 표준정보공개서

### ⑥ 기타 주요 항목 및 계약의 종료

**가맹거래사:** 나머지 기재사항입니다.

- **영업 개시 절차 및 소요기간:** 계약체결부터 점포 오픈까지의 상세한 절차와 각 단계별 소요 기간, 비용 등을 기재하여 가맹희망자의 예측 가능성을 높임.
- **경영 및 영업활동 지원:** 슈퍼바이저 파견, 정기 교육, 마케팅 지원 등 본사가 제공하는 지원 내용을 구체적으로 명시.
- **교육 · 훈련:** 최초 교육 및 보수 교육의 기간, 내용, 비용, 장소, 이수 조건 등을 상세히 기재.
- **직영점 현황:** 직영점 운영은 본사의 운영 노하우와 시스템이 시장에서 검증

되었음을 보여주는 가장 확실한 증거. 2021년부터는 1개 이상의 직영점을 1년 이상 운영한 경험이 있어야만 가맹사업을 시작할 수 있도록 법이 강화됨.

- **계약의 갱신:** 가맹점사업자의 계약갱신요구권(최초 계약일로부터 10년)을 명시. 본부가 갱신을 거절할 수 있는 정당한 사유는 법에 근거하여 구체적으로 기재.
- **계약의 해지:** 계약해지는 매우 엄격한 절차적 요건을 따라야 함. 가맹본부는 반드시 **2개월 이상의 유예기간을 두고, 계약 위반 사실을 서면으로 2회 이상 통지**해야 함. 이 절차를 지키지 않은 해지는 법적 효력이 없음.

### 정보공개서는 '신뢰의 청사진'입니다

정보공개서의 핵심 항목들은 사장님 브랜드의 '신뢰'를 가늠하는 중요한 지표입니다. 이 항목들을 법적 기준에 맞춰 투명하고 정확하게 관리하는 것은 당장의 계약체결을 넘어, 가맹점사업자들과의 견고한 신뢰를 구축하고 장기적인 동반 성장을 이루는 필수적인 과정입니다.

### 핵심 정리

✓ 가맹사업법 및 공정위의 최신 고시, 심사지침을 면밀히 숙지하고 모든 항목을 작성, 관리해야 함.

✓ 모든 정보는 사실에 기반하여 투명하게 공개하고, 허위·과장된 내용은 절대 포함하지 말아야 함.

✓ 정보공개서 작성 및 관리에는 법률적, 회계적 전문성이 요구됨. 가맹거래사나 변호사의 지속적인 자문을 받아 리스크를 최소화하고, 분쟁을 사전에 예방하는 것이 현명함.

## 3-3 가맹계약서, 제대로 써야 분쟁이 없습니다

**사장님:** 거래사님, 정보공개서는 이제 어느 정도 감이 잡힙니다. 그런데 가맹계약서는 정보공개서에 있는 내용을 그대로 옮겨 적으면 되는 것 아닌가요? 어차피 같은 내용일 텐데요.

**가맹거래사:** 사장님, 바로 그 생각이 가장 위험한 함정입니다. 정보공개서는 불특정다수의 가맹희망자들에게 '우리는 이런 회사입니다'라고 알려주는 문서이고, 가맹계약서는 가맹사업을 하기로 결정하신 개별 가맹희망자들과 '우리는 앞으로 이렇게 할 것을 서로 약속합니다'라고 법적 도장을 찍는 문서입니다. 성격이 완전히 다르죠. 제가 겪은 상당수의 분쟁은 정보공개서보다는, 가맹계약서의 조항 하나를 어떻게 해석하느냐에서 시작됐습니다.

**사장님:** 아… 그럼 정보공개서에 다 써놨다고 안심할 게 아니군요.

**가맹거래사:** 맞습니다. 정보공개서의 일부 내용은 가맹계약서 기재 내용의 기준이나 바탕이 되지만, 결국 수많은 가맹 분쟁의 승패는 바로 이 가맹계약서의 조항 하나, 단어 하나에서 갈립니다. 이제부터는 단순한 정보 공개를 넘어, 가맹본부와 가맹점사업자 간의 관계를 실질적으로 규율하고 잠재적 분쟁을 예방하는 핵심 계약 조항들을 자세히 짚어드리겠습니다. 우선, 가맹사업법에서 계약서에 반드시 기재할 것을 요구하는 사항부터 살펴보죠. 법에서 기재하라고 한 내용이 곧 중요하다는 취지일테니까요.

■ 가맹계약서 기재사항

| | |
|---|---|
| 영업표지의 사용권 부여 | 영업의 양도 |
| 가맹점사업자의 영업활동 조건 | 계약해지의 사유 |
| 가맹점사업자에 대한 교육 · 훈련, 경영지도 | 예치가맹금의 예치 의무 및 피해보상 보험계약 |
| 가맹금 등의 지급에 관한 사항 | 정보공개서 관련 법률 자문 사항 |

| | |
|---|---|
| 영업지역의 설정 | 가맹본부 임원의 위법행위 등으로 인한 손해배상의무 |
| 계약기간 | 강제 거래 대상 및 공급가격 산정 방식 |
| 그 밖의 대통령령이 정하는 권리 · 의무 사항(금전 반환, 설비 유지비용, 계약 종료 후 조치, 계약갱신 거절 사유, 영업비밀 보호 등 포함) | |

**가맹거래사:** 법에서 기재하라고 요구하는 사항이 참 많지요? 그중에서도 중요하고 실무상 문제가 많이 되는 것들 위주로 설명드려볼게요.

**사장님:** 네! 준비되었으니, 출발하시죠.

## 필수품목 지정 - 부당 지정 시 과징금 위험 높음

**사장님:** 거래사님, 필수품목이요? 정보공개서 만들 때 고려했던 기준대로 정하면 되나요?

**가맹거래사:** 네, 그렇게 하시면 됩니다. 다시 한 번 강조드리면, 브랜드 정체성을 유지하기 위한 특정 품목은 일정한 조건 하에 필수품목으로 지정할 수 있지만 브랜드와 무관한 일반 품목까지 가맹본부가 강제로 지정할 경우 법 위반의 문제가 발생합니다. 몇 가지 사례를 통해 필수품목 지정의 법상 한계를 조금 더 자세히 알아볼까요?

**'A 치킨' 가맹본부의 불필요한 부자재 및 주방집기 필수품목 강제에 대한 제재 사례**

A 치킨의 가맹본부는 냅킨, PT병, 대나무포크, 타이머, 컵뚜껑, 소스컵 등 9개 부자재와 끌 등 41개 품목의 주방집기를 필수품목으로 지정하여 정보공개서에 기재하고 가맹계약서에 가맹점사업자가 필수품목을 본사 또는 지정된 사업자로부터만 구입하도록 강제했습니다. 공정위는 해당 품목들이 시중에서 쉽게 구매 가능하며 가맹사업의 통일적 이미지에 직접 관계된다고 보기 어렵다고 판단했습니다.

공정위는가맹사업법 제12조 제1항 제2호(거래상대방 구속행위)를 위반한 행위로 판단하여 A에 대해 **시정명령**을 부과하고 **과징금 55억**을 부과하였습니다.

| 구분 | 위법으로 인정된 필수품목 | 적법한 필수품목 |
|---|---|---|
| A 치킨 (부자재) | 냅킨, PT병, 대나무포크, 타이머, 컵뚜껑, 마스케어, 소스컵, 정선흰통, 정선흰망 (9개) | |
| A 치킨 (주방집기) | 끌, 투명케찹병, 삼각 스께빠, 단샷구, 멀티볼, 스텐 깔대기, 스텐 점성망, 하프펜(뚜껑포함), 가위, 온도계, 소스통, 소스 뚜껑, 소스 국자, 얼음국자, 옻칠 밥주걱, 쓰레기통, 음식물 쓰레기통, 알뜰주걱, 사각바구니, 20㎏ 저울, 5㎏ 저울, 양푼 1호, 양푼 4호, 가스총, 파우더통, 건지기, 롱건지기, BMP(양념통) 6호, BMP 2호, 목건지기, 5호통, 스텐 타공밧드, 투명원형, 원형소쿠리, 무침그릇, 스텐 풀 밧드, 스텐 파우더 통, 냉장고 온도계, 도마, 칼, 휘핑기 (41개) | |
| A 치킨 (기타) | | 조미소금, 생맥주 |

(공정위 2018. 1. 17. 의결 2018-049)

**'B 족발'의 포장 용기 구매 강제에 대한 제재 사례**

'B 족발' 가맹본부는 **시장에서 쉽게 구할 수 있는 포장용기(13종) 제품을 필수품목**으로 지정하여 정보공개서에 기재하고 가맹계약서에 가맹점사업자가 필수품목을 본사 또는 지정된 사업자로부터만 구입하도록 강제했습니다. 공정위는 해당 품목들이 시중에서 쉽게 구매 가능하며 가맹사업의 통일적 이미지에 직접 관계된다고 보기 어렵다고 판단했습니다.

공정위는 가맹사업법 제12조 제1항 제2호(거래상대방 구속행위)를 위반한 행위로 판단하여 A에 대해 **시정명령**을 부과하고 과징금 9,400만 원을 부과하였습니다.

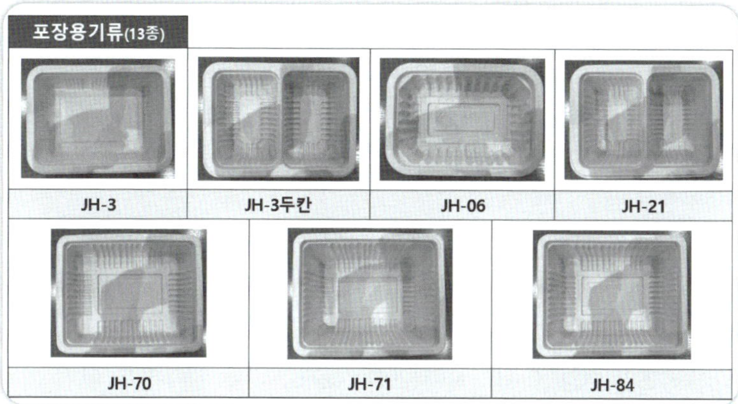


(공정위 보도자료, 2025-03-17)

**사장님:** 음… 일단 로고가 없는 소모품, 주방에서 사용하는 집기들은 필수품목으로 지정하면 안 되겠네요?

**가맹거래사:** 브랜드 및 핵심 메뉴의 통일성과 무관한 소모품의 경우에는 가맹본부의 로고를 추가하더라도 필수품목 지정이 불가하다고 봐야 합니다. 최근 공정위는 도넛 프랜차이즈의 경우 주방 시설, 점포의 통일적 디자인을 위한 인테리어 시설 등에 대해서도 필수품목으로 지정하는 것은 위법하다고 보았습니다.

> 필수품목과 관련하여 계약서 작성 시 주의하여야 할 사항을 정리하면 다음과 같습니다. 이 부분은 규제가 많고 복잡해서 계약체결 시마다 꼭 챙기셔야 합니다. 기존 계약서의 경우에도 새로운 규제를 반영해서 변경계약을 체결해야 하므로 이 부분도 잊지 마세요!
>
> 1. **필수성 요건 충족:** 필수품목은 가맹사업의 통일성, 품질 유지, 위생·안전 등 객관적이고 정당한 사유가 있는 품목으로만 제한해야 합니다. 일반 공산품이나 부자재 등 시중에서 쉽게 구할 수 있는 품목은 필수품목으로 지정하지 않도록 주의해야 합니다.

2. **계약서 기재 의무 강화:** 정보공개서뿐만 아니라 가맹계약서에도 필수품목의 종류, 지정 사유, 상세 내역, 거래 상대방, 변경 사유 및 주기, 그리고 품목별 공급가격, 기준 시점, 공급가격 결정 기준을 명확히 기재해야 합니다. 기존 계약서도 2025년 1월 2일까지 반영해야 합니다.
3. **가격 산정 방식의 투명성:** 필수품목의 공급가격 산정 방식이 합리적이고 예측 가능한 방식으로 명시되어야 하며, 일방적인 가격 인상 조항은 피해야 합니다.
4. **거래 조건 변경 시 협의 의무(2024. 12. 5. 시행):** 필수품목 관련 거래 조건을 가맹점사업자에게 불리하게 변경할 경우, 반드시 가맹점사업자와 협의해야 합니다. 협의 없이 일방적으로 변경 시 공정위 제재 대상이 됩니다. ”

## 차액가맹금 – 마진(이익률) 미기재로 인한 소송 급증

**사장님:** 요새 '차액가맹금 소송'이라면서 시끌시끌 하던데, 왜 이렇게 줄 소송이 이어지는 것인가요?

**가맹거래사:** 지난 번에 말씀드린 것처럼, 차액가맹금이란, 쉽게 말해 가맹본부가 필수품목 등을 가맹점사업자에게 공급하면서 얻는 마진으로, 계약서를 통해 당사자 간 합의가 이루어졌다면 차액가맹금 수취가 가능합니다. 다만, 한국피자헛 판결이 나오기 전까지는 계약서에 차액가맹금에 대한 내용을 명시하지 않은 채 가맹거래가 이루어졌고, 이 경우 차액가맹금과 같은 물류마진이 부당이득으로 가맹점사업자들에게 반환되어야 한다는 점에 대해서 업계 누구도 생각해본 적이 없었습니다. 그러던 중 동의 없는 차액가맹금은 반환되어야 한다는 취지의 한국피자헛 판결이 나왔고, 이에 큰 가맹본부를 중심으로 줄소송이 이어지고 있는 것입니다.

***"점주의 동의 없는 본부의 물류마진은 부당이득!"***

**사장님:** 그럼, 법상 기준을 지켜 엄격하게 필수품목을 정해둔 것으로는 부족하고, 거기서 얻는 마진도 일일이 계약서에 기재해서 점주의 동의를 받아야 되나요?

**가맹거래사:** 네. 가맹본부가 차액가맹금 소송을 당하지 않으려면, 관련 내용을 계약서에 기재하여 가맹점사업자의 동의를 받아야 합니다. 한편, 최근 개정된 가맹사업법은 필수품목에 한하여 공급가격 산정방식을 기재하여야 하고, 가맹점사업자에게 불리하게 변경 시 협의의무까지 인정되고 있어, 가맹본부는 특히 필수품목에 대한 물류마진을 책정하고 변경하는 데 상당한 주의를 기울여야 합니다. 이 부분은 법상 복잡한 법리와 절차가 존재하므로 처음부터 가맹거래사나 전문 변호사의 도움을 받는 것이 좋습니다. 최근 많은 가맹본부가 이 부분에 대하여 계약서나 절차를 마련하고 있지만, 규모가 작은 가맹본부들은 여전히 이 부분에 대하여 큰 경각심 없이 기존 관행대로 계약을 체결하고 있는 경우가 많습니다. 향후 법적 리스크(Risk)와 그에 따른 손실을 고려하면, 시간과 비용이 들더라도 차액가맹금 및 필수품목에 대해서는 처음부터 꼼꼼하게 법적인 기준과 절차에 따르는 것이 더 효과적입니다.

**사장님:** 네, 명심하겠습니다. 이 부분 너무 어렵고 겁이 나는데요, 앞으로 잘 부탁드리겠습니다!

**가맹거래사:** 물론이죠. 이 부분이 복잡하고 어렵게 느껴지는 건 당연합니다. 다만, 처음 정보공개서와 계약서 작성 시 '세팅'을 잘 하면 크게 걱정하실 문제는 없을 겁니다.

### 차액가맹금이란?

가맹점사업자가 가맹본부로부터 공급받는 상품 · 원재료 · 부재료 · 정착물 · 설비 및 원자재의 가격 또는 부동산의 임차료에 대하여 가맹본부에 정기적으로 또는 비정기적으로 지급하는 대가 중 적정한 도매가격을 넘는 대가를 말합니다(가맹사업법 시행령 제3조 제2항 제2호).

**그렇다면, '적정한 도매가격'은 무엇인지?**

'적정한 도매가격'이란 도매가격이 형성되지 아니 하는 경우에는 가맹점사업자가 정상적인 거래관계를 통하여 해당 물품이나 용역을 구입 · 임차 또는 교환할 수 있는 가격을 말하며 가맹본부가 해당 물품이나 용역을 다른 사업자로부터 구입하여 공급하는 경우에는 그 구입가격을 말합니다(가맹사업법 시행령 제3조 제1항 제4호).

**정보공개서에 다음과 같은 차액가맹금 관련 사항을 기재하여야 합니다(가맹사업법 시행령 제4조 제1항 및 [별표 1]).**

- 구입 요구 품목별 차액가맹금 수취 여부
- 가맹점 1곳당 전년도에 가맹본부에게 지급한 차액가맹금의 평균 액수
- 가맹점 1곳당 전년도 매출액 대비 차액가맹금의 평균 비율
- 주요 품목별 전년도 공급 가격의 상 · 하한

**그리고 가맹계약서에는 다음과 같은 필수기재사항을 기재해야 합니다.**

- 필수품목 및 그 공급가격 산정방식(가맹사업법 제11조 제2항 제12호) –POS나 전자매체의 공지정보 제공으로 갈음이 가능하나, 이 경우에도 가맹계약서에 이러한 방법으로 통지된 사항이 가맹계약에 포함된다는 내용이 기재되어야 함.
- 필수품목 관련 거래조건 변경 협의 절차(가맹사업법 시행령 제12조 제7호)
- 차액가맹금 수취에 대한 사항. 미기재 시 물류마진 전액을 부당이득으로 반환해야 함(법원 판례의 입장).
- 각 항목의 기재례는 다음의 박스 내용을 참조

**필수품목 및 그 공급가격 산정방식에 대한 계약서 기재 예시**

〈계약서 본문〉

**제ㅇㅇ조 구입강제품목의 지정**

① ~ ② (생략)

③ 구입강제품목의 공급가격 및 공급가격 결정기준은 [별지 ㅇ]와 같다. 단, 천재지변, 전쟁, 전염병의 창궐 등 가맹본부의 책임없는 사유로 인한 전 세계적 수급불안정 등으로 인해 큰 폭의 가격 변동이 급작스럽게 발생하는 경우 [별지 ㅇ]의 공급가격 결정기준을 따르지 않을 수 있다.

④ 위 제3항에 따른 구입강제품목의 공급가격 및 공급가격 결정기준은 품목별 원가율 변경, 급격한 원자재 가격 인상 등의 사유로 변경할 수 있으며, 이때 변경된 내용이 기재된 [별지 ㅇ]를 가맹점사업자에게 다시 제공해야 한다. 단, 공급가격의 변경은 특별한 사정이 없는 경우 분기에 1회로 한정한다.

[별지 O] 구입강제품목 공급가격 및 공급가격 결정기준

2024년 7월 3일 기준

| 공급방식 | 순번 | 품목 | 공급가격 (부가세 포함) | 공급가격 결정기준 |
|---|---|---|---|---|
| 직접 제조 | 1 | 치킨 매콤 양념 | 300원 (1ea) | 직접 제조원가, 간접 제조원가, 판관비의 합계(마진 없음) |
| | 2 | 치킨 파우더 | 5,000원 (1box) | 직접 제조원가, 간접 제조원가, 판관비의 합계에 마진 ㅇㅇ% ~ ㅇㅇ%를 더함 |
| | 3 | 염지 닭 | 4,000원 (1ea) | 직접 제조원가, 간접 제조원가, 판관비에 마진을 더해 결정하되, 공급가격 변경은 분기 1회 이하, 변경 시 인상폭은 기존 공급가격의 ㅇㅇ% 이내로 함 |
| 재판매 | 4 | 치킨 상자 | 5,000원 (100ea) | 가맹본부 매입가격에 물류비만을 더해 결정 |
| | 5 | 치킨봉투 (소) | 3,000원 (300ea) | 가맹본부 매입가격에 ㅇㅇ%의 마진을 더해 결정 |
| | 6 | 치즈볼 | 2,000원(1ea) | 동일 제품 시중 유통가격 수준에서 결정 |

| 공급방식 | 순번 | 품목 | 공급가격<br>(부가세 포함) | 공급가격 결정기준 |
|---|---|---|---|---|
| | 7 | 종이호일 | 8,000원<br>(300ea/1box) | 유사 제품 시중 유통가격의 ㅇㅇ%를 넘지 않는 수준에서 결정 |
| 제3자<br>공급 | 8 | 탄산음료 | 800원(1ea) | A식품㈜이 가격을 결정하며 가맹본부는 리베이트 등을 미수취 |
| | 9 | 치킨무 | 500원(1ea) | ㈜B식품과의 협상에 따라 가격을 결정하며, 가맹본부는 공급 건당 ㅇㅇ원을 리베이트로 수취 |

* 비용 요인에 대한 설명

1) 직접 제조원가는 원재료 구매비용 등을 포함한다.

2) 간접 제조원가는 연구개발비, 기술료, 인건비, 전기료, 설비 · 장비의 감가상각비, 등을 포함한다.

3) 판관비에는 보관유지비, 물류비, 기타 관리비, 가맹본부가 지출하는 홍보, 마케팅, 판촉활동 비용 등을 포함한다.

4) 마진은 가맹본부가 가격 변동 가능성, 시장 내 경쟁력, 투자 여력 확보 등 경영환경을 종합적으로 고려하여 책정한다.

※ 출처: 공정위가 공시하는 "구입강제품목의 종류 및 공급가격 산정방식 계약서 기재방식에 관한 가이드라인"

**필수품목 거래조건 변경 협의 절차에 대한 계약서 기재 예시**

**제00조 (거래조건 변경협의)**

① 가맹본부는 다음 각 호와 같이 구입강제품목의 거래조건을 가맹점사업자에게 불리하게 변경하는 경우 가맹점사업자와 협의를 거쳐야 한다.

1. 특정한 거래상대방과 거래할 것을 강제하지 않던 품목을 특정한 거래상대방과 거래하도록 강제하는 경우

(중략)

③ 불리한 거래조건의 변경 및 유리한 거래조건의 변경이 동시에 이루어지는 경우 및 가맹본부가 지정한 사업자가 공급하는 구입강제품목의 거래조건이 불리하게 변경되는 경우에도 가맹점사업자와 협의를 거쳐야 한다.
④ 협의는 변경 예정 거래조건의 규모와 중요성에 따라 대면 또는 비대면(POS, 전자우편, 홈페이지 게시판 등) 방식으로 진행한다.

(후략)

※ 출처: 공정위가 공시하는 "**프랜차이즈(기타 외식업) 표준계약서**"(2024. 12. 개정).
더 구체적인 내용은 위 표준계약서를 참조해주세요.

차액가맹금 자체는 불법이 아니지만, 그 규모나 산정 방식이 불투명할 경우 가맹점사업자의 수익성을 악화시키고 불공정거래의 원인이 될 수 있습니다. 특히, 국내 프랜차이즈 시장에서는 매출의 일정 비율을 받는 로열티 대신 물품 유통 마진에 의존하는 본부의 경우가 많아 차액가맹금의 투명성 확보가 더욱 중요하게 부각되고 있습니다. 다음의 사례를 통해 정보공개서 및 계약서에 차액가맹금 관련 기재를 하지 않을 경우 어떠한 문제가 발생하는지 살펴보겠습니다.

**'A 독서실' 가맹본부 키오스크 차액가맹금 미기재 사례**

A 독서실 가맹본부는 2019년 정보공개서에 '키오스크 프로그램'에 대한 차액가맹금 수취 여부만 기재하고, 실제 필수설비인 **'키오스크 기기'에 대한 차액가맹금 수취 여부는 누락**했습니다. A 가맹본부는 키오스크 기기 납품 과정에서 구매비용의 60%가 넘는 차액가맹금을 수취했으나, 이를 정보공개서에 은폐하거나 축소하는 방법으로 정보를 제공했습니다.
공정위는 가맹사업법 제9조 제1항 제2호(기만적인 정보제공 행위) 및 동법 시행령 제8조 제2항 제1호(중요사항을 적지 아니한 정보공개서 제공 행위)를 위반한 행위뿐만 아니라 가맹금을 예치하지 않고 직접 수령한 점, 숙고기간을 지키지 않은 점, 영업지역을 설정하지 않은 점에 대하여 A 독서실 가맹본부에 대해 **시정명령**을 내렸습니다.

(공정위 2023. 3. 2. 약식 2023-020)

### 'B 피자' 가맹본부 차액가맹금 계약서 미기재 사례

**B 피자의 가맹점사업자들은** 2016년부터 B 피자의 가맹본부가 피자 제조에 필요한 원 · 부재료를 공급하며 물품대금에 포함시켜 수령한 차액가맹금에 대해 법률상 또는 가맹계약상 근거가 없다며 부당이득 반환 소송을 제기했습니다.
가맹점사업자들은 피고(B 피자 가맹본부)가 정보공개서에 차액가맹금 수령 사실을 기재하고는 있었지만, 자신들은 차액가맹금 부분이 명시된 정보공개서를 제공받지 못했거나, 2020년 정보공개서를 접한 후에야 비로소 차액가맹금 수령이 부당하다고 판단하여 소를 제기했다고 주장했습니다.
법원은 가맹계약에 차액가맹금을 명시적으로 규정하고 있지 않으며, 가맹본부와 가맹점사업자 사이에 차액가맹금 수령에 대한 어떠한 합의도 인정되지 않는다고 판단했습니다. 특히, 정보공개서에 차액가맹금 내용이 기재되어 있었다고 하더라도, **정보공개서의 기재만으로 가맹계약 내용에 당연히 편입되거나 차액가맹금 수령의 합의가 있었다고 볼 수 없다**고 명확히 판시했습니다. 또한, 가맹본부가 차액가맹금 대상 품목이나 액수를 제대로 해명하지 못했으며, 가맹점사업자들이 원 · 부재료 거래를 거부할 경우 불이익을 우려하여 불가피하게 따른 것으로 보았습니다.
**서울고등법원은 가맹본부에게 90여 명의 점주들에게 총 210억 원을 가맹점사업자들에게 반환**하라고 판결했습니다. 이 판결을 계기로 C 치킨프랜차이즈, D 아이스크림 프랜차이즈즈 등 다른 프랜차이즈 브랜드로도 유사한 차액가맹금 관련 소송이 확산되고 있습니다.

(서울중앙지방법원 2022. 6. 3. 선고 2020가합607773, 서울고등법원 2024. 9. 11. 선고 2022나2024467 판결)

“ 지금까지 살펴본, 필수품목과 차액가맹금에 대한 가맹본부 준수사항을 정리하면 다음과 같습니다.

**1. 정보공개서 기재 의무 철저**

차액가맹금은 정보공개서 '라. 가맹점사업자의 부담' 항목의 '나. 영업 중의 부담 – 2) 차액가맹금'에 직전 사업연도의 가맹점당 평균 차액가맹금 지급 금액 및 매출액 대비 평균 차액가맹금 지급 금액의 비율 등을 정확하고 투명하게 명시해야 합니다(가맹사업거래의 공정화에 관한 법률 시행령 별표1 제5호 나목 2)).

**2. 합리적인 산정 근거 마련**

차액가맹금의 적정성 여부는 향후 분쟁의 핵심 쟁점이 될 수 있으므로, 해당 마진이 물류, 품질 관리, 연구 개발 등 가맹점사업자에게 제공하는 실질적인 가치에 대한 합리적인 대가임을 객관적으로 입증할 수 있는 산출 근거를 마련하고 관련 자료를 철저히 보관해야 합니다.

**3. 수익 모델의 투명성 확보**

가맹본부의 주된 수익원이 물품 공급을 통한 차액가맹금이라면, 그 산정 방식과 내역을 투명하게 공개하고, 가맹점사업자에게 충분한 설명을 제공하여 오해의 소지를 줄여야 합니다.

**4. (중요!) 명시적 합의**

**특히, 정보공개서 기재만으로는 차액가맹금 수령에 대한 가맹점사업자와의 합의가 있었다고 인정되기 어려우므로, 가맹계약서상 명시적인 합의 조항을 두는 것을 적극 검토해야 합니다.** 구체적인 계약 문구 작성은 가맹거래사, 변호사 등 전문가의 도움을 받으시기 바랍니다. ”

## 영업지역의 설정

**사장님:** 저희 브랜드는 상권이 중요해서 영업지역을 잘 정해야 하는데, 계약서에는 이걸 어떻게 명시해야 하나요?

**가맹거래사:** 영업지역 분쟁이 매우 잦은 부분입니다. 가맹사업법은 가맹본부에 의한 영업지역 침해를 금지하고 있고, 이를 위해 가맹계약서에 개별 가맹점사업자의 영업지역을 명시할 것을 요구하고 있습니다. 따라서 **계약서에 영업지역을 기재하지 않으면 그 자체로 법 위반이 됩니다.**

**'A 독서실' 가맹본부 영업지역 미설정에 대한 제재 사례**

A 독서실 가맹본부는 2017년 8월부터 2019년 11월까지 14명의 가맹점사업자와 가맹계약을 체결하면서, 가맹계약서에 영업지역을 설정하지 않았습니다. 구체적으로, 계약서 양식에는 **영업지역을 별첨으로 표시한다고 되어 있었으나, 해당 별첨이 공란**이었습니다.

〈표 17〉 ㅁㅁㅁ의 영업지역 관련 계약서 내용 발췌

제13조(영업지역의 보호)

1. '을'의 영업지역은 별첨[1]과 같이 하며, '갑'은 계약기간 중 '을'의 영업지역에서 '을'과 동일한 업종의 자기 또는 계열회사의 직영점이나 가맹점을 개설하지 아니한다.

(중략)

별첨[1]: 영업지역의 표시

※ 영업지역을 표시한 지도를 첨부하여 주십시오

피심인이 *** 등 5명의 가맹점사업자와 2018. 12. 28. 2019. 11. 15.의 기간 중 체결한 계약서에는 아래 〈표 18〉과 같이 일정지역 내의 가맹점사업자의 영업지역을 별첨[1]과 같이 한다고 하면서, 별첨[1]은 공란으로 영업지역이 기재되어 있지 아니하다. (계약서 양식 2)

공정위는 가맹사업법 제12조의4 제1항을 위반한 행위뿐만 아니라 가맹금을 예치하지 않고 직접 수령한 점, 숙고기간을 지키지 않은 점 등에 대하여 A 독서실 가맹본부에 대해 **시정명령**을 내렸습니다.

(공정위 2023. 3. 2. 약식 2023-020)

**가맹거래사:** 다수의 가맹점사업자를 모집하다보면 일일이 영업지역을 설정하기가 쉽지 않습니다. 그래서 **단순히 'OO동 일대'처럼 모호하게 기재하는 경우**가 있는데, 이 경우에도 가맹사업법에 위반될 수 있습니다. 이렇게 정할 경우 **법 위반 문제뿐만 아니라, 향후 불분명한 기재로 인해 결국 가맹본부와 가**

**맹점사업자 간 영업지역 침해 관련 분쟁**이 발생하게 됩니다. 따라서 계약서에 영업지역을 명확하게 기재하는 것은 매우 중요합니다.

**관련 법조항**

**〈가맹사업법〉**

**제2조(정의)** 이 법에서 사용하는 용어의 정의는 다음과 같다.

12. **"영업지역"이란 가맹점사업자가 가맹계약에 따라 상품 또는 용역을 판매하는 지역**을 말한다.

**제12조의4(부당한 영업지역 침해금지)**

① 가맹본부는 가맹계약체결 시 가맹점사업자의 영업지역을 설정하여 **가맹계약서에 이를 기재**하여야 한다.

**〈가맹분야 불공정거래행위 심사지침〉**

**8. 부당한 영업지역 침해행위**

**가. 영업지역 설정 및 기재의무 위반행위**

(1) 대상행위

(가) 가맹본부가 가맹계약체결 시 가맹점사업자의 영업지역을 설정하여 가맹계약서에 기재하지 아니하는 행위가 해당된다.

…(중략)…

(다) 영업지역은 가맹계약서에 기재되어야 하므로, 가맹계약체결 시 영업지역을 구두로 약정하였다고 하더라도, 가맹계약서에 기재하지 아니하는 경우에는 영업지역 기재의무 위반에 해당된다.

(2) 위법성 판단기준

…(중략)…

(나) 다만, 영업지역은 가맹점사업자들이 자신의 영업지역을 명확하게 인식하고 다른 가맹점이 어디에 출점될 수 있는지 충분히 예측할 수 있을 정도로 합리적인 범위 내에서 특정되어야 한다. 따라서 **형식상 영업지역을 설정하였다고 하더라도 불분명하게 설정하는 경우**, 결국 가맹점사업자들을 불안한 지위에 놓이게 하므로 적법한 영업지역 설정이라고 볼 수 없다.

(다) 영업지역은 가맹본부의 영업지역 침해로 인한 가맹점사업자의 피해를 방지할 수 있을 정도의 합리적인 범위로 설정되어야 한다. 따라서 가맹계약체결 시 영업지역을 설정하였다고 하더라도, 해당 가맹사업의 업종특성, 지역특성, 상권,

소비자 구매행태, 영업방식 등을 고려하지 않고 **지나치게 좁게 설정**하는 등 가맹점사업자에게 부당하게 불리하게 설정된 경우에는 **부당한 계약조항의 설정에 해당**하여 법 제12조 제1항 제3호 위반에 해당할 수 있다.

(3) 법 위반에 해당될 수 있는 행위(예시)

① 가맹계약서상에 가맹점사업자의 영업지역을 설정하지 아니하거나 불완전하게 설정하는 행위

② 가맹계약을 체결하면서 가맹점사업자의 영업지역을 설정하고도 이를 가맹계약서에 기재하지 아니하는 행위

③ 가맹본부가 가맹계약을 체결하면서 영업지역의 경계를 명확하게 특정할 수 없는 특수상권을 영업지역으로 설정하는 행위

④ 가맹본부가 영업지역을 '사회통념상 인정되는 범위'와 같은 추상적 용어로 정하는 등 구체적이고 명확하게 설정하지 아니하는 행위

**사장님:** 그렇다면, 계약서에 가맹본부에게 유리하게 영업지역 보호의 예외조항을 설정하는 것은 가능한가요? 예컨대, '가맹본부의 필요에 따라 영업지역 내 직영점 또는 신규 가맹점 출점이 가능하다'는 식으로요.

**가맹거래사:** 결론적으로, 불가능합니다. 가맹본부가 가맹점사업자의 영업지역 내에 직영점 또는 신규가맹점을 설치하기 위해서는 기존 가맹점사업자의 영업지역을 변경해야 하고, 그 변경을 위해서는 상권의 급격한 변동, 유동인구의 현저한 변화 등 법에서 정하는 사유가 존재하여야 할 뿐만 아니라 가맹점사업자와의 합의가 존재하여야 합니다. 따라서 이러한 사유와 절차 없이 영업지역 침해가 가능하도록 하는 내용은 계약서에 정하더라도 무효가 될 수 있습니다. 아래 사례를 한 번 보시죠.

**'A 편의점' 가맹본부의 부당한 영업지역 침해에 대한 제재 사례**

**A 편의점 가맹본부**는 2020년 9월 가맹점사업자 D와 'A 편의점 F점' 가맹계약을 맺었습니다. 이 계약에는 'F점으로부터 도보 250m 이내에 A 편의점 직영점을 포함한 신규 점포를 개설하지 않는다'는 영업지역 조항이 있었습니다.

〈표 2〉 가맹계약서 제16조(영업지역)

**제16조(영업지역)**

① 가맹본부는 본 건 점포로부터 250m(도보통행 최단거리 기준) 내에 A 편의점(직영점 포함)을 신규로 개설하지 않기로 합니다. 다만, 다음 각 호의 어느 하나에 해당하는 경우는 예외로 합니다. (점포 거리의 측정은 기존점포 출입문과 신규점포 출입문의 거리를 기준합니다.)

**1. 기존 가맹점사업자가 거리제한 기준 내에서 폐점 후 재출점하거나 이전하는 경우**

2. 기존 가맹점사업자가 다른 가맹점사업자에게 영업양도를 하는 경우

3. 임차권이 가맹본부에게 있는 점포의 가맹점사업자가 변경되는 경우

4. 기존 사업자가 영업지역 내에 신규출점하는 경우로서, 기존 사업자의 기존 점포와 신규 점포 예정지의 영업지역 내에 다른 A 편의점 가맹점사업자가 없는 경우

② 제①항에도 불구하고, 가맹본부는 다음 각 호의 어느 하나에 해당하는 사유로서 가맹점사업자의 동의를 얻어 A 편의점(직영점 포함)을 개설할 수 있습니다.

(후 략)

그러나 2021년 5월, A 편의점 가맹본부는 기존 'A 편의점 H점'을 폐점하고 F점에서 약 230m 떨어진 곳에 'A 편의점 I점'으로 재출점하는 것을 승인하고 진행했습니다. 이는 F점의 영업지역 250m 이내에 새로운 점포가 들어서는 상황이었습니다. A 편의점 가맹본부는 이러한 재출점이 가맹계약 제16조 제1항 제1호의 "기존 가맹점사업자가 거리제한 기준 내에서 폐점 후 재출점하거나 이전하는 경우"에 해당하므로 F점의 동의 없이도 가능하다고 주장했습니다. F점주는 재출점에 반대하며 내용증명을 보냈지만, A 편의점 가맹본부는 동의가 필요 없다고 주장하며 재출점을 강행했습니다.

**법원은 아래와 같이 판단했습니다.**

- **영업지역 예외 조항의 부당한 적용:** A 편의점 가맹본부는 가맹계약서에 명시된 '영업지역 예외 조항'을 근거로 재출점을 강행했으나, 법원은 이 조항이 **기존 가맹점사업자가 자신의 영업지역 내에서 재출점하는 경우라도, 본건 점포의 영업지역을 침해한다면 가맹사업법의 취지에 정면으로 위반되어 무효**라고 판단했습니다. 즉, 계약서에 예외 조항이 있다고 해서 무조건 영업지역 침해가 정당화되는 것이 아님을 명확히 한 것입니다.

- **가맹본부의 법 해석 오류:** 가맹본부는 '모범거래기준' 등 종래의 관행과 계약서 조항을 근거로 재출점을 허용했으나, 법원은 가맹사업법 제12조의4의 입법 취지가 **영업지역을 현상태대로 보호**하는 것이며, 기존 점포의 재출점 · 이전이 본건 점포의 영업지역을 침해하는 것은 현 상태를 파괴하는 것으로 보았습니다.
- **'정당한 사유'의 입증 부족:** 가맹사업법은 영업지역 침해가 '정당한 사유'가 있는 경우 예외적으로 허용하지만, A 편의점 가맹본부는 재출점에 필요한 객관적인 상권 분석 자료나 기존 점포를 폐점하고 재출점할 수밖에 없었던 부득이한 사정 등을 충분히 입증하지 못했습니다.

공정위는 A 편의점 가맹본부의 해당 행위가 가맹사업법 제12조의4 제3항(부당한 영업지역 침해 금지)을 위반한 것으로 보고, 경고처분을 내렸습니다. 이 경고처분에 대해 A 편의점 가맹본부이 취소 소송을 제기했으나, 서울고등법원은 2024년 4월 18일, A 편의점 가맹본부의 **청구를 기각하며 공정위의 경고처분이 적법하다**고 판결했습니다. 법원은 해당 재출점 행위가 가맹사업법 및 약관규제법에 위반되어 무효인 계약 조항에 근거했으므로, 본건 점포의 영업지역을 침해한 것이라고 최종 판단했습니다.

(공정위 2023. 5. 10. 의결 2023-079, 서울고등법원 2024. 4. 18. 선고 2023누45653 판결)

**사장님:** 계약서에 점주의 영업지역을 설정하면, 다른 점주들도 그 영업지역을 침해할 수 없는 것인가요?

**가맹거래사:** 아뇨, 계약서에 정하는 영업지역의 보호는, 가맹본부 및 그 계열회사가 신규로 동종 업종의 직영점이나 가맹점을 출점할 수 없다는 것을 의미합니다. 따라서 가맹점사업자 간에는 영업지역 보호가 적용되지 않습니다. 즉, 법상 영업지역 보호는 가맹본부에게만 적용되는 제한이라고 보시면 됩니다. 가맹점사업자 간 서로의 영업지역을 보호하는 건 오히려 반경쟁적인 위법행위가 되므로 주의해야 합니다.

**사장님:** 그렇군요. 법은 어렵지만, 다 이유가 있네요.

“ 영업지역과 관련한 핵심은 이것이니, 꼭 기억하세요!

**1. 계약서상 영업지역의 범위를 명확히 하세요:** 개별 가맹계약서에 영업지역을 반경, 지도상의 경계 등을 통해 누가 보더라도 이견이 없을 정도로 명확하고 구체적으로 특정해야합니다. 단순히 'OO동 일대'와 같은 추상적인 표현은 분쟁의 씨앗이 됩니다.
**2. 영업지역 보호는 가맹본부의 신규 출점만 제한합니다:** 가맹점사업자 간에는 영업지역 보호가 적용되는 것이 아니니 혼동하지 마세요!
**3. 계약서 조항이 법률보다 우선하지 않습니다:** 가맹계약서에 특정 예외조항이 있더라도, 그것이 가맹사업법의 강행규정에 위반된다면 해당 조항은 무효가 될 수 있습니다. 계약서 작성 시에는 반드시 법률 전문가의 자문을 받아 법적 유효성을 확인해야 합니다.
**4. 상생과 신뢰가 우선입니다:** 단기적인 이익을 위해 기존 가맹점의 영업권을 침해하려는 시도는 결국 법적 분쟁과 브랜드 신뢰도 하락이라는 더 큰 손실로 이어집니다. 투명하고 공정한 영업지역 관리야말로 장기적인 사업 성장의 핵심입니다. ”

### 광고 및 판촉비 분담 - 불투명한 비용은 분쟁의 원인

**사장님:** 광고비나 판촉비는 가맹본부의 마케팅 비용 아닌가요? 이 비용도 정보공개서에 명시하고 가맹점사업자와 분담해야 하는 건가요?

**가맹거래사:** 네, 그렇습니다. 광고 및 판촉 행사는 브랜드 성장에 필수적이지만, 비용 분담 방식이 불투명하면 가맹점사업자의 불만이 커지고 분쟁으로 이어질 수 있습니다. 특히 모바일 상품권과 같은 새로운 판촉 방식에서 이러한 문제가 자주 발생합니다.

**사장님:** 광고나 판촉 행사는 아무 때나 진행할 수 있나요?

**가맹거래사:** 광고나 판촉 행사는 시작과 끝 모두 중요한 절차가 있습니다. **시작 전**에는 가맹점사업자의 **동의**를 받아야 하며, 광고와 판촉 행사에 따라

동의 비율이 다르므로 이 점에 유의해야 합니다. 또한, **행사가 종료된 후**에는 어떤 광고나 판촉 행사를 진행했는지, 가맹점사업자로부터 얼마를 받았고 가맹본부가 얼마를 부담했는지 등을 **통보**해야 합니다. 이를 간단히 정리하면 아래 표와 같습니다.

| 구분 | 개념 | 동의 비율 | 동의 방법 |
|---|---|---|---|
| 광고 | TV, 라디오, 인터넷, 신문, 잡지, 입간판 등을 통해 이루어지는 회사 이미지 제고, 신상품 출시 홍보 등의 활동 | 전체 가맹점사업자의 50% 이상 | 문서, 내용증명우편, 전자우편, 인터넷 홈페이지, 애플리케이션, 판매시점 관리 시스템(POS) 등 |
| 판촉 행사 | 상품에 대한 수요를 늘려 판매를 증진시킬 목적으로 행하는 모든 행사 · 활동 및 부수한 홍보활동 ex. 할인행사, 사은품증정, 경품행사, 제휴행사, 쿠폰발행, 모바일상품권, 및 이에 수반되는 홍보전단 제작 | 전체 가맹점사업자의 70% 이상. 단, 동의한 가맹점사업자만을 대상으로 시행 가능 | |

광고 및 판촉비 분담은 가맹본부가 브랜드 홍보 및 매출 증대를 위한 광고나 판촉 행사를 실시할 때 발생하는 비용을 가맹점사업자와 어떻게 나눌 것인지에 대한 사항입니다. 가맹사업법 제12조의6은 가맹본부가 광고나 판촉 행사를 실시할 때 가맹점사업자의 동의를 얻거나 사전에 약정을 체결해야 함을 규정하고 있으며, 비용 분담의 투명성이 중요한 쟁점이 됩니다. 정보공개서에는 광고 및 판촉 활동의 목적에 따른 가맹본부와 가맹점사업자의 비용 분담 기준을 명확히 기재해야 합니다(가맹사업법 시행령 별표1 제6호 아목). 관련 사례를 통해 더 깊게 알아보겠습니다.

**'A 샌드위치' 가맹본부의 광고 · 판촉비 분담 강요 및 집행내역 미통지 사례**

A 샌드위치의 가맹본부는 2021년 4월부터 2022년 6월까지 가맹점사업자들의 동의 없이 광고 · 판촉비를 강제로 징수했습니다.

- **일방적인 광고비 징수:** A 샌드위치의 가맹본부는 2020년 12월부터 2021년 2월

에 걸쳐 가맹점사업자들에게 신메뉴 출시와 함께 광고비를 분담하겠다고 통지하며, 월 매출액의 일정 비율(처음 4.5% 제시 후 4.0% 및 3%로 인하)을 징수하는 방식으로 일방적으로 결정했습니다. 가맹점사업자들의 반대에도 불구하고 이 정책을 강행했습니다.

- **계약해지 위협:** 광고비 분담금을 납부하지 않으면 가맹계약 위반이며, 계약해지 절차가 진행될 수 있다고 통지하여 가맹점사업자들을 압박했습니다.
- **과거 비용 소급 적용:** 2021년 광고비 분담 정책을 시행하면서 2020년에 이미 집행된 광고 · 판촉행사 비용(최소 2천9백만 원)까지 소급하여 적용했습니다. 이는 가맹점사업자와의 협의 없이 일방적으로 진행된 것이었습니다.
- **집행 내역 불투명한 통지:** 2020년 광고 · 판촉행사 집행 내역을 통보할 때, 법에서 요구하는 '전체 가맹점사업자로부터 지급받은 금액'과 '가맹점사업자가 부담한 총액'을 명확히 기재하지 않는 등 일부 항목을 누락하거나 불명확하게 통지했습니다. 가맹점사업자들이 계약서상 보장된 불참 신청권을 행사할 기회도 제한되었습니다.

〈표 9〉 분할납부 방식으로 청구한 광고비 분담금 내역

(부가가치세 포함)

| 청구 기간 | 매출액 비례 광고비 비율 | 월별 분담 가맹점사업자 수 | 월별 가맹점사업자 청구금액 합계 | 해당 기간 총 청구금액 |
|---|---|---|---|---|
| 2021. 4. ~2021. 6. | 4% | 44~50명 | 39,915,322원 ~46,025,338원 | 129,011,866원 |
| 2021. 7. ~2022. 6. | 3% | 44~88명 | 31,583,382원 ~81,194,083원 | 656,493,597원 |
| 계 | | | | 785,505,463원 |

〈표 10〉 광고 · 판촉행사 건별 청구 내역

(부가가치세 포함)

| 광고판촉 건수 (실시 기간) | 분담 청구 기간 | 분담 가맹점 사업자 수 | 건별 가맹점사업자 청구금액 합계 | 총 청구금액 |
|---|---|---|---|---|
| 51건(2020. 1. ~2022. 4.) | 2021. 9. ~2022. 6. | 110~182명 | 234,604원 ~77,932,645원 | 578,142,174원 |

〈표 11〉 피심인의 'A 샌드위치' 광고 · 판촉행사 비용 지출현황

(단위: 천 원, 부가가치세 미포함)

| 연도 | 지출 비용 | | |
|---|---|---|---|
| | 합계 | 피심인 분담 | 가맹점 분담 |
| 2017년 | – | – | – |
| 2018년 | 31,943 | 31,943 | – |
| 2019년 | 41,556 | 41,556 | – |
| 2020년 | 578,011 | 578,011 | – |
| 2021년 | 2,670,092 | 1,354,180 | 1,135,911 |

공정위는 A 샌드위치가맹본부가 기만적인 정보를 제공한 점, 광고비 분담금을 부당하게 강요한 점뿐만 아니라 가맹점사업자가 판매하는 상품의 가격을 부당하게 속하거나 제한한 점, 숙고기간을 위반한 점, 광고 · 판촉행사의 집행 내역의 법정 내역을 일부 누락한 점점 등에 대해 **시정명령**과 **4억 2백만 원의 과징금**, 그리고 법인 **고발**을 결정했습니다. 또한, 정보공개서 및 가맹계약서 제공 의무 위반, 광고 · 판촉행사 집행 내역 미통지 행위에 대해서도 **경고 처분**을 내렸습니다. A 샌드위치는 공정위의 결정에 불복하여 이의신청을 제기했으나, 공정위는 2024년 2월 23일 이의신청을 **모두 기각**했습니다.

(공정위 2023. 12. 8. 결정 2023-030, 224, 공정위 2024. 2. 23. 재결 2024-004)

“ 결론적으로, 광고, 판촉비용 분담과 관련한 핵심은 이것입니다.

1. **사전 동의 또는 약정 체결은 필수:** 가맹사업법 제12조의6에 따라 광고의 경우 전체 가맹점사업자의 50% 이상, 판촉행사의 경우 70% 이상의 동의를 얻어야 합니다. 동의를 받는 대신 가맹점사업자와 별도로 약정서를 체결할 수 있으며, 정보공개서의 '마. 영업활동에 관한 조건과 제한' 항목의 '아. 광고 및 판촉 활동'에 광고의 목적에 따른 가맹본부와 가맹점사업자의 비용 분담 기준을 명확히 기재해야 합니다(가맹사업거래의 공정화에 관한 법률 시행령 별표1 제6호 아목).

2. **비용 분담 기준의 명확화:** 약정서에는 광고나 판촉행사의 명칭, 실시 기간, 소요 비용에 대한 가맹점사업자의 분담 비율 및 분담 한도를 구체적으로 명시해야 합니다.
3. **투명한 비용 집행 내역 공개:** 매년 광고 및 판촉 비용의 집행 내역을 투명하게 공개하고, 가맹점사업자가 열람을 요구할 경우 언제든 응해야 합니다.
4. **신유형 판촉에 대한 법규 준수:** 모바일 상품권 등 새로운 형태의 판촉 활동 시에도 관련 법규 및 공정위 가이드라인을 철저히 준수하여 비용을 일방적으로 전가하지 않도록 주의해야 합니다. 궁금하면 전문가에게 물어보세요! ”

## 위약금: 관계의 파국을 막는 안전장치

**사장님:** 거래사님. 점주에게 계약을 잘 지키라는 의미에서 위약금을 정하는 것도 가능할까요?

**가맹거래사:** 당연히 가능합니다. 다만, 그 수준이 너무 과하거나, 점주의 모든 계약 위반행위 시마다 과다하게 설정된 위약금을 부과하면 그 자체로 가맹사업법 위반에 해당할 수 있으므로 주의가 필요합니다.

**사장님:** 점주들에게 경각심을 주려면 큰 돈을 위약금으로 정하는 게 효과적일텐데, 마냥 큰 금액을 위약금으로 정할 수는 없겠군요… 그럼 얼마로 정해야 위법하지 않게 되는 거죠?

**가맹거래사:** 안타깝게도 '얼마를 초과하면 위법이다'라는 일률적인 기준은 없습니다. 위약금을 부과하는 상황, 즉 부과 당시 부과 이유 및 그 원인에 대한 귀책사유가 누구에게 있는지, 실제 손해 규모 등을 고려하여 과다한지 여부를 판단하는 것 같습니다.

**가장 위험한 형태는 모든 계약 위반행위에 대하여 일률적으로 수천만 원에서 수억 원의 위약금을 정하는 방식입니다.** 가맹점사업자의 계약 위반으로 인해 가맹본부가 입는 실제 손해는 수천만 원에 달하지 않을 가능성이 높습니다. 따라서 위와 같은 이러한 방식은 '일부 무효' 및 가맹사업법 위반 이슈를 피하기 어렵습니다.

위약금 설정이 무조건 나쁘고 금기시되어야 한다는 것은 아닙니다. 합리적인 수준이라면 오히려 서로 손해에 대한 이견으로 인해 소송을 하게 되는 등의 법적 분쟁을 피할 수 있다는 장점을 갖습니다. 따라서 위약금을 설정할 경우 무효 및 법 위반 이슈를 피하려면 최대한 합리적인 근거와 방식으로 위약금을 설정하는 것이 중요합니다. 참고할 만한 **위약금 설정의 예시**를 한 번 살펴볼까요?

① "가맹점사업자의 귀책사유로 계약이 중간에 해지될 경우, '잔존 계약기간 개월 수 × 해당 점주의 로열티'. 단, 동일 점포를 제3자에게 양도하거나 동일 장소에 신규 출점하는 등으로 인해 로열티가 중단되지 않은 경우에는 적용하지 않는다."라고 정한다면, 여러 상황과 가맹본부가 입을 손해를 고려한 방식이므로 이 조항 자체가 가맹점사업자에게 부당하게 불리하여 무효라고 보기는 어렵습니다. 실제 상황에서도 이 계산식에 따라 산정된 위약금이 실제 손해보다 훨씬 많다고 판단될 가능성도 적습니다. 또한 계약 기간이 대부분 지났다면 가맹본부가 이미 투자 비용을 충분히 회수했다고 볼 수 있으므로, 남은 계약 기간에 따라 위약금 수준을 다르게 정하는 방식(국내 이동통신사 이용약관도 비슷한 방식을 사용합니다)도 합리적으로 인정될 수 있습니다.

② 경업금지 의무를 어겼을 경우에도 가맹본부가 입을 정확한 손해 금액을 알기 어렵지만, "경쟁 금지 의무 위반 기간 × 그 기간 동안 가맹본부의 로열티 수입 감소분(= 위반이 없던 기간의 월 평균 로열티 − 위반 기간의 월 평균 로열티)"과 같이 정하면 손해 입증의 어려움을 줄이면서도, 조항의 무효화나 법 위반 제재를 피할 수 있는 방법이 될 수 있습니다.

아래 사례를 보시면 위약금 조항을 만들 때 어떤 부분을 고려해야 할지 '감'을 잡을 수 있습니다.

**'A 편의점' 중도해지 위약금 감액사례**

실제 법원 판결은 계약서에 명시된 위약금이라도 그 액수가 과도할 경우 법원이 개입하여 감액할 수 있음을 명확히 보여줍니다. A 편의점 가맹점사업자는 5년 계약 기간 중 3년을 운영한 뒤, 누적되는 적자와 임대료 인상 요구를 감당하지 못해 가맹본부에 계약해지를 통보했습니다. 이후 영업을 중단하자, 가맹본부는 이를 계약 위반(7일 이상 무단 영업 중단)으로 보아 계약을 해지하고 계약서에 명시된 대로 '월평균 이익금의 8개월분'에 해당하는 약 2,800만 원의 위약금을 청구했습니다. 이 사건에서 법원은 가맹점사업자의 귀책사유로 계약이 해지되었으므로 위약금 지급 의무 자체는 인정했습니다. 하지만 민법 제398조 제2항(손해배상 예정액의 감액)에 따라, 해당 위약금이 '부당하게 과다하다'고 판단했습니다. 법원은 그 근거로 ① **5년이라는 긴 계약기간 중 이미 3년 이상 계약을 이행한 점, ② 그 기간 동안 가맹점사업자가 지급한 가맹수수료로 본사의 투자 비용이 상당 부분 회복되었다고 보이는 점, ③ 위약금 액수 자체가 거액인 점** 등을 종합적으로 고려하여, 본사가 청구한 위약금의 **50%를 감액**하라고 판결했습니다.

(서울동부지방법원 2013. 7. 9. 선고 2012가단64742 판결)

**'B 피자' 부당한 위약금 사례**

B 피자의 가맹본부는 가맹계약서에, 가맹점사업자가 **영업비밀 유지 의무나 경업금지 의무를 위반할 경우, 위반의 내용이나 기간, 피해 규모와 상관없이 일률적으로 5천만 원을 위약금으로 배상**하도록 하는 조항을 포함시켰습니다.

〈표 8〉 이 사건 가맹계약서 일부 발췌

**제34조["Z"의 영업상 비밀 공개금지 및 경업금지 의무]**

① "乙"은 계약과정 및 점포의 경영상 알게 된 "甲"의 영업상 비밀을 계약기간의 전 · 후를 불문하고 제3자에게 누설하지 아니한다.

② "乙"은 "甲"의 동의 또는 승낙 없이 "甲"이 작성한 교육 및 세미나자료, 영업 관련 편람 등을 인쇄 또는 복사할 수 없다.

③ "乙"은 이 계약기간 중에 "甲"의 동의 또는 승낙없이 자신 또는 제3자의 명의로 "甲"의 영업과 동종의 영업을 하지 못한다.

④ "乙"은 서면으로 경업허가 요청이 있을 경우 "甲"은 30일 이내 경업 허가여부에 대한 통보를 서면으로 하여야 한다.

**제37조 [손해배상액의 예정]**

① "乙"이 제34조의 "乙"의 영업상 비밀 공개금지 및 경업금지 의무를 위반하는 경우 "乙"은 위약금으로 금 오천만 원(50,000,000원)을 "甲"에게 지급하여야 한다.

공정위는 위 가맹계약서 조항이 경업금지나 비밀유지 의무 위반 여부, 위반 기간, 정도, 범위 및 피해 규모 등을 전혀 고려하지 않고 **기계적 · 일률적으로** 5천만 원의 위약금을 부과하도록 규정하고 있어, 가맹점사업자의 귀책사유 정도에 비해 과중한 위약금이 부과될 우려가 있으므로 위법하다고 판단하였습니다.

또한, 가맹본부가 가맹점사업자를 상대로 제기한 민사소송에서도 법원은 "가맹점사업자의 경업금지 의무 위반 행위로 인해 실제 가맹본부에게 발생할 손해는 정상적으로 가맹사업자가 점포를 운영할 경우 얻을 수 있었던 이익을 크게 초과하지 않으며, 이러한 이익액은 피심인이 청구한 금액과는 큰 차이가 있다."라고 보았습니다. 이에 따라 법원은 이 사건 가맹계약에서 5천만 원의 손해배상액 예정액을 규정한 부분이 **가맹점사업에게 "지나치게 과중하여 부당하게 불리한 조항"이므로 약관규제법에 따라 무효**라고 판시한 바 있습니다.

(공정위 2021. 2. 9. 약식 2021-007)

"위약금은 가맹점사업자의 계약 위반으로 인해 가맹본부가 입게 될 손해를 미리 정해두는, 일종의 '손해배상액의 예정'입니다. 이는 계약의 이행을 담보하는 순기능을 하지만, 그 금액이 과도하거나 부과 조건이 불합리할 경우, 가맹점사업자의 발목을 잡는 '독소 조항'으로 변질될 수 있습니다. '가맹분야 불공정거래행위 심사지침'은 가맹점의 귀책사유나 본부의 실제 손해 규모에 비해 '부당하게 과중한' 위약금을 부과하는 행위를 엄격히 금지하고 있습니다. 중요한 것은 위약금의 목적은 징벌이 아니라, 합리적인 수준의 손해 보전이라는 점입니다. 핵심은 이것입니다!

1. **손해와 연동할 것:** 위약금은 가맹본부가 입을 것으로 예상되는 실 손해(초기 투자비, 교육 훈련비, 상표권 가치 훼손, 영업이익 상실 등)를 기반으로 산정되어야 합니다. 일률적인 금액보다는 손해 항목과 연동된 구체적인 산정 근거를 제시하는 것이 바람직합니다.
2. **위반 유형별로 차등을 둘 것:** 모든 계약 위반에 동일한 위약금을 부과하는 것은 매우 위험합니다. 따라서 경업금지 의무 위반, 중도해지, 대금 미지급 등과 같이 위반 행위의 종류와 중대성에 따라 위약금을 다르게 설정해야 합니다.
3. **기간을 고려할 것:** 계약 잔여 기간이 짧아질수록 본사의 기대이익 손실이 감소하고 투자자본의 회수 필요성도 감소합니다. 위약금 산정 시 "잔존 계약기간 × 가맹본부의 예상 이익" 또는 "계약 후 1년 이내 해지 시 OOO원, 1~2년 사이 해지 시 OOO원" 등과 같이, 계약 기간에 따라 위약금을 차등 적용하는 구조가 설득력을 얻을 수 있습니다. ”

### 계약해지 조항: 가장 무거운 칼은 가장 신중하게 써야 한다

가맹계약해지는 가맹점사업자의 생계를 위협하는 가장 극단적인 조치이기에, 우리 법은 가맹본부가 이 '칼'을 마음대로 휘두르지 못하도록 매우 엄격한 요건을 요구합니다. 계약해지가 법적 효력을 갖기 위해서는 다음 두 가지 요건을 모두 충족해야 합니다.

- **절차적 정당성:** '가맹분야 불공정거래행위 심사지침'은 계약해지의 핵심 절차로 '2-2 원칙'을 명시하고 있습니다. 이는 원칙적으로 **2개월 이상의 유예기간**을 부여하고, 계약 위반 사실과 시정을 요구하는 **서면 통지를 2회 이상** 해야 함을 의미합니다. 이 절차를 하나라도 어길 경우, 해지 사유가 아무리 정당하더라도 법적으로 무효가 됩니다.
- **실체적 정당성:** 해지 사유 자체가 정당해야 합니다. 가맹계약상의 의무

위반이나 본사의 명예 · 신용 훼손 등 객관적으로 인정될 수 있는 사유여야 합니다. 본사에 비판적인 활동을 하는 가맹점사업자 단체에 가입했다는 이유만으로 계약을 해지하는 것은 대표적인 부당 계약해지 사유에 해당합니다.

만약 법에서 정한 요건을 무시한 해지 조항을 계약으로 정하면 어떻게 될까요? 다음의 사례를 통해 알아봅시다.

**'A 의류' 가맹본부, 해지 무효 사례**

A 의류 가맹본부는 계약서에 "가맹점의 판매가 저조할 경우, 서면 통보 후 임의로 계약을 해지할 수 있다."라는 조항을 두었습니다.

**제17조 계약기간**

1. 본 계약의 계약기간은 계약일로부터 1년으로 한다.
2. 본 계약의 계약만료 1개월 전까지 원고, 피고 중 어느 일방이 서면에 의한 해지표시가 없을 경우 본 계약은 동일한 조건으로 1년간 갱신된 것으로 한다.

**제18조 계약해지**

1. 원고가 본 계약서 각 조항의 일부라도 위반하거나 제반 사항을 이행하지 않았을 경우

4. 피고의 영업정책상 원고의 판매가 저조하거나 판매 활성화가 불가능하다고 판단될 경우

**제19조 계약해지절차**

2. 본 계약서 제18조 제1 내지 4항의 경우 피고는 서면 통보 후 임의로 계약해지를 할 수 있다.

실제로 한 가맹점의 매출이 부진하자, 본사는 매장 이전을 요구하는 내용증명을 한 차례 보낸 후, 가맹점사업자가 응하지 않자 이를 근거로 최종 계약해지를 통보했습니다.

2. 원고는 2011. 10. 1.자로 이 사건 매장을 소외 1 대표로부터 인수인계를 받아 2년 8개월째 운영하고 있으며, 그 기간 동안의 매출은 아래와 같습니다.

단위: 천 원

| 구분 | 2010년 | 2011년 | 2012년 | 2013년 |
|---|---|---|---|---|
| 매출 | 717,278 | 619,287 | 657,041 | 480,138 |
| 증감액 | | −97,991 | 37,754 | −176,903 |
| 증감률 | | −13.7% | 6.1% | −26.9% |

3. 여러 상황에 따라 매출의 변화는 있다고 할 수 있지만 2013년도 매출 하락 폭은 원고 및 피고가 감내할 수 있는 수준을 벗어났다고 보이며, 이에 따라 피고는 부득이하게 매장 환경 개선을 통한 매출 신장을 유도하는 것이 최선의 방법이라 사료됩니다.
4. 매장 확장 및 이전에 대해서는 원고도 필요성을 인정하고 타 매장을 물색 중에 있었으며, 피고의 영업담당도 2014. 5. 14. 매장 방문 후 매장 확장 및 이전에 대한 상담을 진행하였습니다.
따라서 이제는 결과가 필요한 시점이라 생각되므로, 원고는 2014. 7. 14.까지 매장 확장 및 이전에 관한 결과를 피고에게 통보해 주시기 바랍니다(단 확장 및 이전 시 피고 동의 후 진행해 주시기 바랍니다).
5. 2014. 7. 14.까지 매장 확장 및 이전에 따른 결과가 없을 경우, 이 사건 매장에 대한 원고의 가맹점운영권은 상실되며, 피고는 부득이하게 제3자를 통한 매장 확장 및 이전을 추진할 수밖에 없으며, 만약 제3자를 통한 매장 오픈 시 원고의 영업은 2014. 8. 13.자로 종료할 수밖에 없음을 널리 양해해 주시기 바랍니다. 관련 계약 조항은 아래와 같습니다.
이 사건 가맹계약 제8조 제3항, 제18조 제4항, 제19조 제2항

이 사건에서 법원의 판단은 명확했습니다.

1. **계약서 조항 자체의 무효:** 법원은 먼저, "판매 부진 시 임의로 해지할 수 있다."라는 계약서 조항 자체가, 2개월의 유예기간과 2회 이상의 서면 통지를 의무화한 **가맹사업법 제14조 제1항의 강행규정에 위배되므로 무효**라고 판단했습니다.
2. **해지 절차 위반:** 설령 해지 사유(판매 부진)가 일부 인정된다 하더라도, 가맹본부는 법에서 정한 '2회 이상 서면 통지' 요건을 충족하지 않고 **단 1회의 통지만으로 해지를 강행**했습니다.

3. **최종 결론(해지 무효):** 따라서 법원은 해당 계약해지 통보가 **절차를 위반하여 법적 효력이 없다**고 판결하며, 가맹본부의 일방적인 계약해지는 위법하므로 가점사업자가 입은 손해 약 1천 4백만 원을 배상해야 한다고 판결했습니다.

(서울동부지방법원 2013. 7. 9. 선고 2012가단64742, 대법원 2014다39398 판결)

“

이상의 내용을 정리해보겠습니다.

1. **법규의 언어를 그대로 사용:** 가맹계약서의 해지 조항은 가맹사업법 제14조 및 공정위가 게시하는 표준가맹계약서의 문구를 거의 그대로 인용하는 것이 가장 안전합니다. **어차피 가맹점사업자에게 불리한 방향으로 법과 다르게 정한 계약서와 해지조치는 전부 무효입니다.**
2. **모든 과정을 문서로 기록:** 계약해지를 고려한다면, 감정적인 대응은 금물입니다. 1차 시정요구, 2차 시정요구 등 모든 과정을 반드시 내용증명 우편으로 발송하고, 위반 사실에 대한 객관적 증거(사진, 동영상, 점검 보고서 등)를 철저히 확보해야 합니다. 이 ‘서류의 흔적’만이 부당해지 소송에서 본사를 지켜줄 유일한 무기입니다.
3. **‘즉시 해지’는 엄격한 사유에 한할 것:** 가맹점사업자의 파산 신청이나 공중의 건강에 급박한 위해를 초래하는 등 법에서 정한 극히 예외적인 경우가 아니면 즉시 해지는 불가능합니다. 계약서에 즉시 해지 사유를 광범위하게 규정하는 것은 그 자체로 불공정 약관이 될 수 있습니다.

”

## 계약서 작성 부분을 마치며

***“계약서는 분쟁의 씨앗이 아닌, 신뢰의 열매가 되어야 합니다.”***

지금까지 가맹계약서의 핵심 조항들을 살펴보았습니다. 정보공개서가 본사의 모든 것을 투명하게 보여주는 ‘설명서’라면, 가맹계약서는 그 설명을 바탕으로 양측의 권리와 의무를 법적으로 확정하는 ‘약속의 증표’입니다.

이 두 문서가 서로 긴밀하게 연결되어 하나의 단단한 법적 토대를 이룰 때, 비로소 분쟁 없는 상생의 파트너십이 가능해집니다.

### 핵심 정리

- ✓ '관행에 따른다', '협의하여 결정한다'와 같은 모호한 표현은 피하고, 모든 권리와 의무, 비용, 절차를 구체적인 수치와 명확한 문장으로!
- ✓ 정기적으로 계약서의 내용을 검토하고, 법률 전문가의 자문을 받아 최신 법규와 판례의 경향을 반영하여 계약서를 지속적으로 업데이트할 것!
- ✓ 법을 지키는 것을 넘어, 가맹점주와 끊임없이 소통하고 합리적인 기준을 만들어나가는 노력이 장기적인 브랜드 성공의 열쇠!

## 3-4 예상 매출, 예상 수익 정보를 제공할 때는 이 점을 주의하셔야 합니다

***"저희 직영점은 월 4천만 원 버는데, 이렇게 홍보해도 되죠?"***

**사장님:** 거래사님, 드디어 저희 브랜드의 첫 창업설명회를 준비하고 있습니다. 가맹 희망자들이 가장 궁금해하는 게 역시 '그래서 얼마를 벌 수 있냐'는 거더라고요. 마침 저희 직영 1호점은 월 매출이 4천만 원이 넘거든요. 이 수치를 보여주면 홍보에 큰 도움이 될 것 같은데… 이거 문제되진 않겠죠?

**가맹거래사:** 사장님, 바로 그 질문이 가맹사업에서 가장 위험한 갈림길에 서 있다는 신호입니다. '있는 사실을 말한 것'이라고 생각하시겠지만, 그 수치를 듣고 계약한 가맹점사업자가 그만큼 벌지 못했을 때, 그 기대감은 고스란히 법적 분쟁의 불씨가 됩니다.

**사장님:** 그래도 '예상' 매출이라고 말하면 괜찮지 않을까요? '최대 이만큼 나올 수도 있다'는 의미로요.

**가맹거래사:** 절대 그렇게 생각하시면 안 됩니다. '예상'이라는 단어 하나로 모든 법적 책임이 면제되는 것은 아닙니다. 가맹사업법 제9조는 가맹본부가 예상 매출액이나 수익 같은 정보를 제공할 때, 반드시 서면으로, 그리고 **객관적인 근거**에 따라 제공하도록 매우 엄격하게 규정하고 있습니다. 오늘 이 자리에서는 왜 이 조항이 그토록 중요한지, 그리고 어떤 함정이 숨어있는지, 실제 사례를 통해 깊이 있게 다루어 보겠습니다.

***"예상 매출액, 객관적 근거 없으면 법적 책임 피할 수 없습니다!"***

**사장님:** 그럼… '00점 직영점'이라고 명시하면 되지 않을까요? 그리고 '개별 점주의 영업능력과 상권에 따라 달라질 수 있다'는 문구를 덧붙이면요?

**가맹거래사:** 일부 법원의 판례를 보면, **일부 직영점 매출이나 수익을 전체 가맹점의 평균적인 수준이라고 오해할 수 있게 하는 것도 '허위 · 과장정보제공'에 해당**할 수 있습니다. 따라서, 이 부분은 너무 쉽게 접근할 경우 이후 가맹점사업자들에게 줄소송을 제기 당할 수 있는 낭패를 입을 수 있으므로, 가맹희망자들에게 관련 내용을 홍보 시 각별히 주의하셔야 합니다.

## 왜 위험한가: '허위 · 과장 정보'의 법적 책임

가맹희망자에게 예상 수익 정보는 투자를 결정하는 가장 결정적인 요소입니다. 따라서 우리 법은 가맹본부가 이 정보를 이용하여 가맹희망자를 기만하는 행위를 엄격히 금지하고 있습니다. 여기서 말하는 '기만'이란, 단순히 없는 사실을 꾸며내는 것만을 의미하지 않습니다.

- **허위 · 과장 정보 제공:** 객관적인 근거 없이 수익을 부풀려 알리는 행위입니다. 일부 우수 매장의 실적을 전체 평균인 것처럼 제시하는 것이 대표

적입니다.

- **기만적인 정보 제공**: 중요한 사실을 일부러 숨기거나 축소하여 가맹희망자의 올바른 판단을 방해하는 행위입니다. 예를 들어, 높은 수익률을 제시하면서 그것이 언제적 기준인지 의도적으로 누락하는 경우가 이에 해당합니다.

이러한 행위가 적발될 경우, 가맹본부는 상상 이상의 법적 책임을 지게 됩니다. 공정위의 과징금은 물론, 가맹점사업자에 대한 민사상 손해배상 책임(실제 손해의 3배까지 배상하는 징벌적 손해배상 적용), 그리고 사안의 심각성에 따라서는 최대 5년 이하의 징역 또는 3억 원 이하의 벌금이라는 형사처벌까지 받을 수 있습니다.

**관련 법 조항**

**〈가맹사업법〉**
**제9조(허위 · 과장된 정보제공 등의 금지)**
① 가맹본부는 가맹희망자나 가맹점사업자에게 정보를 제공함에 있어서 다음 각 호의 행위를 하여서는 아니 된다.
1. 사실과 다르게 정보를 제공하거나 사실을 부풀려 정보를 제공하는 행위(허위 · 과장의 정보제공행위)
2. 계약의 체결 · 유지에 중대한 영향을 미치는 사실을 은폐하거나 축소하는 방법으로 정보를 제공하는 행위(기만적인 정보제공행위)

**〈가맹사업법 시행령〉**
**제8조(허위 · 과장의 정보제공행위 등의 유형)**
① 허위 · 과장의 정보제공행위의 유형
1. 객관적인 근거 없이 가맹희망자의 예상 수익상황을 과장하여 제공하거나 사실과 다르게 가맹본부가 최저수익 등을 보장하는 것처럼 정보를 제공하는 행위
2. 가맹희망자의 점포 예정지 상권의 분석 등과 관련하여 사실 여부가 확인되지 아니한 정보를 제공하는 행위
3. 가맹본부가 취득하지 아니한 지식재산권을 취득한 것처럼 정보를 제공하는 행위
4. 제1호부터 제3호까지의 규정에 따른 행위에 준하여 사실과 다르게 또는 사실을 부풀려 정보를 제공하는 행위로서 공정위가 정하여 고시하는 행위

「가맹사업거래상 허위 · 과장 정보제공행위 등의 유형 지정고시 Ⅱ. 1. 」

1. 객관적인 근거 없이 가맹희망자의 예상 매출액 등을 임의로 부풀려 제공

- 40평대 이상 가맹점의 17%만이 매출액 5,200만 원을 초과함에도 불구하고, 객관적인 근거 없이 40평대 가맹점의 예상 매출액이 5,200만 원이라고 정보를 제공한 경우
- 객관적인 근거 없이 가맹점 평균매출액을 27% 부풀린 금액을 예상 매출액으로 제공한 경우
- 가맹점 창업성공사례에 대한 매출액 정보를 제공하면서, 실제 매출액보다 20% 부풀려진 금액을 제공한 경우

2. 객관적인 근거 없이 수익상황이 좋은 특정 점포 또는 특정 시기를 기준으로 예상 매출액 등을 산정하여 제공

- 객관적인 근거 없이 매출액 상위 2개 가맹점의 매출액을 기준으로 예상 매출액을 산정하여 제공한 경우
- 객관적인 근거 없이 점포 예정지 인근 가맹점이 아닌 매출액이 2배 이상 높은 타지역 가맹점 매출액을 기준으로 예상 매출액을 산정하여 제공한 경우
- 면적차이에 대한 조정 없이 점포 예정지보다 매장면적이 1.7배 넓은 가맹점의 매출액을 예상 매출액으로 제공한 경우
- 객관적인 근거 없이 다른 가맹점의 성수기 또는 개점 직후 매출액만을 기준으로 예상 매출액을 산정하여 제공한 경우

3. 가맹희망자의 예상 수익상황 또는 점포예정지 상권과 관련한 중요사실을 은폐하거나 축소하는 방법으로 정보를 제공하는 행위

- 수익상황이 이례적으로 좋은 특정 가맹점의 매출액을 제공하면서, 이를 일반적인 가맹점의 매출액인 것처럼 정보를 제공한 경우

## 대표 사례 연구: 숫자의 함정에 빠진 가맹본부들

**수익상황이 좋은 특정 점포 또는 특정 시기를 기준으로 예상 매출액 산정 사례**

한 외식업 가맹본부는 가맹희망자에게 **홈페이지, 블로그 등의 홍보물**을 통해 예상 수익 상황에 관한 정보를 제공했습니다. 이 홍보물은 '소형 점포로 연일 최고 매출 돌파' 등의 제목 아래, 일 평균 매출, 월 매출, 순이익 등을 매우 높게 기재했습니다. 또한, '365일 안정적인 매출'이라는 제목으로 월별 매출액을 막대그래프로 나타내며 특정 시점의 높은 순수익(예: 2019년 11월 순수익 3,810만 5,810원, 2020

년 5월 순수익 4,015만 4,700원)을 강조했습니다.

**소형평수로 연일 최고 매출 돌파!**

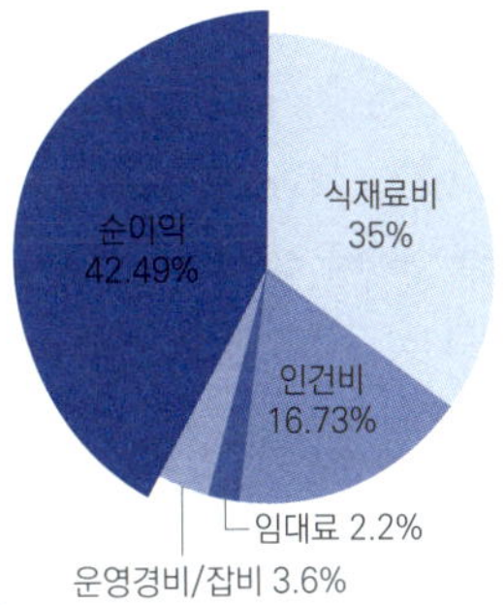


| | | |
|---|---|---|
| 일평균 매출 | 3,183,316원 | |
| 영업일수 | 30일 | |
| 월매출 | 95,499,500원 | |
| 식재료비 | 33,424,825원 | 35.00% |
| 인건비 | 15,980,000원 | 16.73% |
| 운영경비/잡비 | 3,419,800원 | 3.58% |
| 월 총관리 비용 | 52,824,625원 | 55.31% |
| 매출 이익 | 42,674,875원 | 44.69% |
| 임대료 | 2,100,000원 | 2.20% |
| 순이익 | 40,574,875원 | 42.49% |

20평 12테이블(매장마다 상이함)

차별화된 경쟁력으로 완성한

**365일 안정적인 매출**

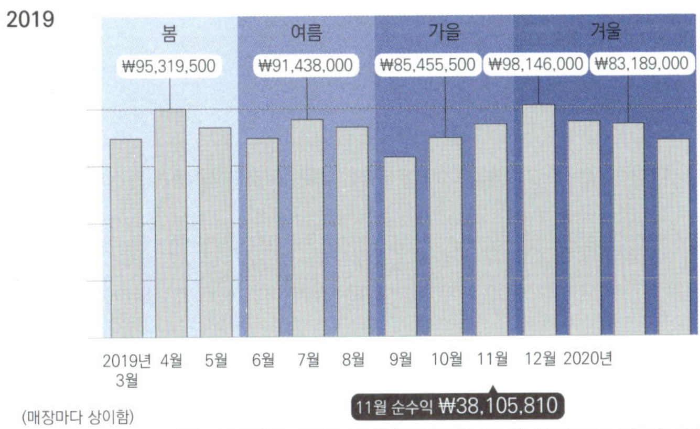


**하지만 이는 본점(직영점)인 한남점이 최대 매출을 올린 특정 시점의 데이터만을 기초로 산출한 것**이었으며, 실제 가맹점과 달리 로열티 지급 의무가 없는 등 비용 계산이 달랐습니다. 또한, 매출액에서 부가가치세와 카드수수료 등을 공제하지 않고, 비용에 4대 보험료 등을 포함하지 않는 방식으로 순수익을 과다하게 계산했습니다.

홍보물에 사용된 막대그래프도 하나의 가맹점 월별 매출액이 아니라, **해당 월에 수익 상황이 좋은 여러 가맹점의 매출액을 추출하여 하나의 그래프**로 나타낸 것이어서, 가맹희망자들이 이를 보고 모든 가맹점이 보편적으로 달성 가능한 매출액과 순이익인 것처럼 오인할 우려가 있었습니다. 실제 가맹점의 영업이익률은 홍보물과 상당한 차이를 보이며 영업손실까지 발생했습니다.
법원은 수익률 등이 실제 매출액 자료를 근거로 산출되었다고 하더라도 **자료 작업을 위한 표본이 매출액이 높은 일부 점포 내지 일부 기간에 불과하다면 그 수익률은 전체 가맹점의 실제 수익률보다 높은 수치로 산정될 수밖에 없으므로 위 수익률은 객관적인 근거에 기초하여 산정되었다고 보기 어렵다**고 판단하여, 이 사건 가맹본부가 위와 같은 홍보물을 통해 객관적인 근거 없이 예상 수익상황을 과장하여 제공한 행위가 가맹사업법 제9조 제1항 제1호를 위반한 것으로 보았습니다. 이로 인해 가맹희망자가 잘못된 정보를 바탕으로 계약을 체결하여 손해를 입었으므로, 가맹본부가 그 손해(개설 비용 및 영업 손실)의 30%인 약 6,800만 원을 배상할 책임이 있다고 판시했습니다.

※ 비록 이 사건 홍보물 하단에 작은 글씨로 **'매장마다 상이함'**이라고 기재되어 있다고 하더라도 허위 · 과장 정보제공행위로 판단함.

(서울중앙지방법원 2024. 9. 26. 선고 2022가단5375702)

**'A 실내운전연습장' 가맹본부 기준 시점 누락과 평균 부풀리기 사례**

실내운전연습장을 운영하는 A 가맹본부는 가맹희망자에게 "B급 상권, 기계 4대 기준 월 예상 순수익 1,780만 원"이라는 **정보를 제공**했습니다. 하지만 실제 비슷한 조건의 가맹점 월평균 순수익은 1,000만 원 수준이었습니다. 또한, 2021년 기준 전체 가맹점의 연평균 수익률이 7.1%에 불과했음에도, 기준 시점(2020년)을 의도적으로 누락한 채 **"전체 지점 연평균 35%"**라고 표기된 **창업안내서**를 제공했습니다.

<그림 1> 고수의 운전면허 창업안내서(발췌)

| 2021년 12월 제공 | 2022년 4월 제공 |
|---|---|
|  | 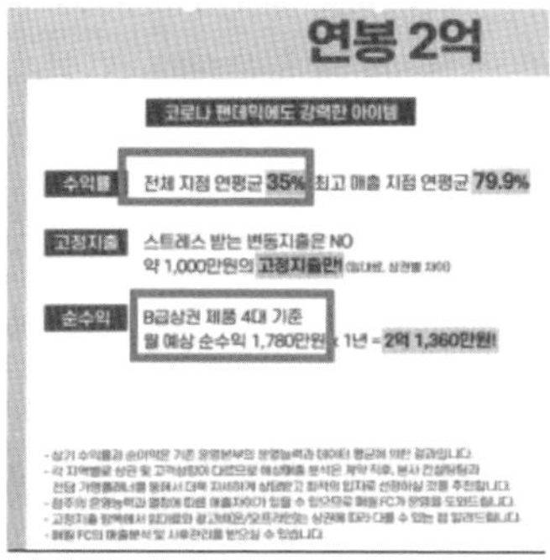 |





(메가경제, 2025. 4. 18. 기사)

공정위는 이를 명백한 '허위 · 과장 및 기만적인 정보 제공' 행위로 판단하였습니다. 뿐만 아니라 정보공개서 제공의무 및 가맹계약서 사전제공의무를 위반한 점, 가맹금 예치 의무를 위반 한 점에 대해해 **시정명령과 함께 8,800만 원의 과징금**을 부과했습니다.

(공정위 보도자료, 2025. 05. 23, 9191번 게시물)

### 'A 버거' 가맹본부 예상 수익률 허위 기재 '억대배상' 사례

최근 A 버거 가맹본부가 예상 수익을 부풀려 제공했다는 이유로 법원으로부터 가맹점사업자에게 억대 금액을 배상하라는 판결을 받은 사례가 있습니다. 해당 가맹본부를 운영한 점주는 가맹계약 당시 본사가 **영업이익률 28%를 약속**했지만, 실제로는 15% 수준에 그쳤습니다. 법원은 본사가 제시한 예상 수익 등이 객관적 근거가 부족한 허위 · 과장 정보라고 판단했으며, 이는 가맹사업법에서 금지하는 '기만적인 정보제공 행위'에 해당한다고 보았습니다. 이에 따라 본사는 점주 1인당 많게는 1억 1,800만 원, 적게는 6,500만 원을 배상해야 했습니다.

[J] 수익분석

목동 직영점을 기초로 한 수익분석표입니다.

매장별 판매 구성 : 홀판매 30%, 포장판매 30%, 배달판매 40%

**평일 1일 판매량을 1개월로 산출**

| 월매출 | | ₩40,000,000 | ₩60,000,000 | ₩80,000,000 |
|---|---|---|---|---|
| 영업일수 | | 30일 | 30일 | 30일 |
| 운영비 | 식재료 매입비 (42%) | 16,800,000 | 25,200,000 | 33,600,000 |
| | 인건비 | 6,000,000 | 8,000,000 | 10,000,000 |
| | 임대료 | 3,000,000 | 4,000,000 | 5,000,000 |
| | 판매 관리비 | 1,100,000 | 1,700,000 | 2,100,000 |
| | 수수료 소계 5~5.3% (VAT, 카드, 로열티) | 2,028,000 | 3,042,000 | 4,056,000 |
| | 운영비 지출 합계 | 28,928,000 | 41,942,000 | 54,756,000 |
| 영업이익 | | 11,072,000 **28%** | 18,058,000 **30%** | 25,244,000 **32%** |

- **점주 인건비 제외**
- **개점초기 2개월 산정내역 제외**
- **직원 복리후생비 및 보험료, 포장비, 배달비 제외**
- **상권매출 및 인건비 운영의 점주 운영능력 및 배달 매출에 따라 원가비율은 상이할 수 있습니다.**

〈실제 가맹상담 당시 교부한 가맹안내서〉

**A 버거** 가맹본부는 가맹 상담 시 가맹희망자들에게 **'목동 직영점'을 기초로 한 수익분석표**를 제시했습니다. 이 수익분석표는 월 매출 4천만 원, 6천만 원, 8천만 원 등 가상의 매출액을 기준으로 영업이익률(예: 28%, 30%, 32%)을 강조하며 마치 높은 수익을 보장하는 것처럼 작성되었습니다. 특히 '영업이익 28%, 30%, 32%' 부분은 붉은 글씨로 강조되어 있었습니다.

그러나 수익분석표는 월 매출 가정을 기반으로 영업이익률을 강조하며 높은 수익을 보장하는 것처럼 작성되었으나, 실제로 목동점은 직영점이 아닌 가맹점이었으며, 불과 4개월(2020년 1월~4월)의 짧은 기간 회계자료만을 기초로 산정하여 합리성이 부족했습니다. 또한 직원 복리후생비, 보험료, 포장비, 배달비 등 실제 운영에 필요한 상당수의 비용을 영업이익 산정 시 제외하여 수익률을 과장했으며, 제시된 식재료 원가율도 실제보다 훨씬 낮은 등 전반적으로 과장된 정보를 제공했습니다.

**'착한 프랜차이즈'라더니...' 버거' 이익률 '뻥튀기'로 배상 위기**

주영래 기자 / 기사작성 : 2025-04-18 14:01:30

**예상 영업이익률 25% 달한다며 가맹점 유치...법원 '기만적 정보' 판단**
**공정거래 전문 변호사 "허위 정보 제공 인정 시 징벌적 손해배상 책임"**

[메가경제=주영래 기자] 한국공정거래조정원이 인증한 '착한 프랜차이즈'에 선정된 버거 운영사 ''가 허위 과장 정보로 가맹점을 모집했다고 법원이 판결해 오명에 휩싸이고 있다.

이러한 허위 · 과장 정보 제공은 「가맹사업법」 제9조 위반이 되며, 형사처벌(5년 이하 징역 또는 3억 원 이하의 벌금)까지 이어질 수 있습니다. 공정위도 현재 이 사안에 대해 조사 중이며, 향후 시정명령이나 과징금 등 제재 수위를 결정할 예정입니다.

(대구지방법원 2025. 3. 27. 선고 2023가합201557 판결)

**그 밖에 알아두면 좋을 사례**

**대법원 2022. 5. 26. 선고 2021다300791 판결**

가맹본부가 가맹계약체결 과정에서 가맹희망자들에게 **예상 매출액 산정서**를 제공했는데, 이 산정서는 법률이 정한 기준을 따르지 않았습니다. 구체적으로, 점포 예정지에서 가장 인접한 5개 가맹점들의 직전 사업연도 매출액을 기준으로 삼아야 함에도 불구하고, **매출환산액이 낮은 가맹점 일부를 임의로 제외하고 다른 가맹점을 포함**시켜 예상 매출액 범위를 확정했습니다. 이는 객관적이지 않은 방법으로 **예상 매출액 범위의 최저액을 과다 산정**하여, **마치 안정적인 사업 운영이 가능한 것처럼 보이는 효과**를 주었습니다.

[평택점] 을 제2호증의 1(5면)

**가장 인접한 5개 가맹점의 직전 사업연도 매출환산액**

(단위: m², 천 원, VAT 별도)

| 점포명 | 오픈일 | 점포 전용 면적(m²) | 직전 사업 연도 매출액 | 직전 사업연도 매출환산액 | 비고 |
|---|---|---|---|---|---|
| 수원1호 | 2011. 07. 05 | 33.2 | 562,441 | 16,941 | 가장 큼 |
| 수원2호 | 2012. 04. 01 | 53.14 | 208,652 | 3,926 | 가장 작음 |
| 용인수지 | 2011. 09. 16 | 56.31 | 527,226 | 9,362 | |
| 안산선부 | 2011. 10. 20 | 39.2 | 469,896 | 11,987 | |
| 안산고잔 | 2011. 06. 16 | 59.1 | 527,606 | 8,927 | |

[수원광교점] 을 제6호증의 1(5면)

**가장 인접한 5개 가맹점의 직전 사업연도 매출환산액**

(단위: m², 천 원, VAT 별도)

| 점포명 | 오픈일 | 점포 전용 면적(m²) | 직전 사업 연도 매출액 | 직전 사업연도 매출환산액 | 비고 |
|---|---|---|---|---|---|
| A | 2011. 07. 05 | 33.2 | 562,441 | 16,941 | 가장 큼 |
| B | 2012. 04. 01 | 53.14 | 208,652 | 3,926 | 가장 작음 |
| C | 2011. 09. 16 | 56.31 | 527,226 | 9,363 | |
| D | 2011. 10. 20 | 39.2 | 469,896 | 11,987 | |
| E | 2011. 06. 16 | 59.47 | 527,606 | 8,827 | |

[용인보정점] 을 제9호증의 1(5면)

**가장 인접한 5개 가맹점의 직전 사업연도 매출환산액**

(단위: m², 천 원, VAT 별도)

| 점포명 | 오픈일 | 점포 전용 면적(m²) | 직전 사업 연도 매출액 | 직전 사업연도 매출환산액 | 비고 |
|---|---|---|---|---|---|
| A | 2011. 09. 16 | 56.4 | 527,226 | 9,348 | |
| B | 2011. 06. 20 | 43.2 | 654,891 | 15,160 | 가장 큼 |
| C | 2011. 06. 24 | 76.1 | 640,496 | 8,417 | |
| D | 2013. 05. 21 | 50.8 | 164,274 | 3,234 | 가장 작음 |
| E | 2012. 07. 05 | 66.2 | 576,601 | 10,211 | |

〈실제 가맹상담 당시 제시한 예상 매출액 산정서〉

대법원은 이 행위를 **가맹사업법 제9조 제1항 제1호의 허위 · 과장의 정보제공행위**에 해당한다고 판단했습니다. 또한, 이로 인해 원고들이 잘못된 정보를 바탕으로 가맹계약을 체결했으므로, **가맹본부가 그로 인한 손해를 배상할 책임**이 있다고 판시했습니다.

(단위: 천 원)

| | 피고가 제공한 예상 매출액 범위 | | 가맹사업법령에 따라 제공되었어야 할 예상 매출액 범위 | |
|---|---|---|---|---|
| 평택점 (원고 A) | 8,927 | 안산선부점 | 3,926 | 수원2호점 |
| | 9,362 | 용인수지점 | 9,362 | 용인수지점 |
| | 11,987 | 안산고잔점 | 11,987 | 안산고잔점 |
| 수원광교점 (원고 B) | 8,872 | 안산선부점 | 3,926 | 수원2호점 |
| | 9,363 | 용인수지점 | 9,363 | 용인수지점 |
| | 11,987 | 안산고잔점 | 16,941 | 수원1호점 |
| 용인보정점 (원고C) | 8,417 | 미금점 | 4,708 | 판교점 |
| | 9,348 | 용인수지점 | 8,471 | 미금점 |
| | 10,211 | 모란점 | 9,348 | 용인수지점 |

**서울중앙지방법원 2021. 11. 10. 선고 2020나76601 판결**

가맹본부 측은 가맹희망자에게 **'창업물건보고서'** 등을 통해 매장 영업에 따른 예상 수익상황에 관한 정보를 여러 차례 제공했습니다. 이 보고서에는 특정 매장의 월 예상 수익, 로열티 면제 여부 등 구체적인 정보가 포함되어 있었고, 'R는 S에서 월 매출 1억', 'K 주변 매출: Z 약 9천, 그 외 5,000 ~ 1억 함'과 같이 유사 업종이나 인근 업체의 높은 매출 정보를 제시하면서도 이에 대한 객관적인 근거를 전혀 제시하지 않았습니다. 실제 매장의 월 매출액은 제시된 예상 매출액에 훨씬 미치지 못했으며, 이는 객관적인 근거 없이 과장된 정보를 제공한 것에 해당한다고 판단되었습니다.

(단위: 만 원)

| | 월매출액 3000 | 월매출액 4000 | 월매출액 5000 | 월매출액 6000 |
|---|---|---|---|---|
| 창업물건 보고서 | | 300 | 650 | 970 |
| AA 제공 예상 수익표 | –360 | 150 | 260 | 650 |
| 차이 | | 150 | 390 | 320 |

법원은 가맹본부 측이 객관적인 근거 없이 예상 수익상황을 과장하여 제공한 행위가 가맹사업법 제9조 제1항 제1호의 허위 · 과장의 정보제공행위에 해당하며, 이는 가맹사업법의 규정을 위반한 위법행위라고 판단했습니다. 이로 인해 원고들이 잘못된 정보를 바탕으로 가맹계약을 체결하였으므로, 피고가 그로 인한 원고들의 손해를 배상할 책임이 있다고 판시했습니다.

**공정위 의결 제 2024 – 291 호**

가맹본부가 가맹희망자에게 **예상 매출액 정보**를 제공하면서, 객관적이고 적정한 근거 없이 과장된 정보를 제공했습니다. 구체적으로, 예상 매출액 산정 근거로 사용된 **가맹점의 영업 시기가 2~3년 전 자료여서** 빠르게 변화하는 시장 상황을 반영하지 못했습니다. 또한, **특정 상권과 무관한, 수익 상황이 좋은 일부 가맹점들의 단기(4개월) 매출액만을 선별적으로 제시**했습니다. 이로 인해 제시된 매출액이 실제 시기 전체 가맹점의 월평균 매출액과 상당한 차이를 보였으며, 이는 공정위 고시에서 금지하는 '수익상황이 좋은 특정 점포 또는 특정 시기를 기준으로 예상 매출액 등을 산정하여 제공하는 행위'에 해당했습니다. 예상 매출액 범위 최저액을 산정할 때도 평균 매출액을 약 14% 부풀린 금액을 사용하여, 최종적으로 가맹희망자에게 약 43%~54% 과장된 수치의 최저액 또는 최고액을 제공한 것으로 나타났습니다.

〈표 2〉

**표준양식 대비 피심인 예상 매출액 범위 비교**

(단위: 만원)

| 구분 | 추정매출액(A) | 최저액 | 최고액 |
|---|---|---|---|
| 표준양식 | 2,200 | 1,630<br>[=A×(1−0.259)] | 2,770<br>[=A×(1+0.259)] |
| 피심인 제공정보 | | 2,500 | 4,000 |
| 과장 정도 | − | 약 1.54배 | 약 1.43배 |

공정위는 피심인이 제공한 예상 매출액 정보가 **객관적이고 적정한 근거를 바탕으로 작성되었다고 보기 어렵고, 그 산출 방식도 합리적이지 않다고 판단**하여 가맹사업법 제9조 제1항 제1호(허위 · 과장 정보제공행위)를 위반했다고 보았습니다.

### 공정위 의결 제 2024 – 166 호

가맹본부는 19명의 가맹희망자와 계약하며 **'가맹점 수익표'를 제공**했습니다. 이 수익표는 하루 판매량을 400개, 800개, 1,000개, 1,500개로 나누어 각 경우의 예상 수익률을 제시했는데, 수익률이 매우 높게 책정되어 있었습니다(예: 2020년 36%~47%, 2021년 37%~45%).

◆ 2020년도 가맹점 수익률(2020년도 창업매뉴얼 中)

| 구분 | 일 400개 | 일 800개 | 일 1000개 | 일 1500개 | 비고 |
|---|---|---|---|---|---|
| 일 매출 | 400,000 | 800,000 | 1,000,000 | 1,500,000 | 단가 1,000원 기준 |
| 월 매출 | 12,000,000 | 24,000,000 | 30,000,000 | 45,000,000 | 30일 기준 |
| 임대료 | 1,800,000 | 1,800,000 | 1,800,000 | 1,800,000 | 매장 평균 임대료(13PY) *지역마다 상이함 |
| 식자재 및 비용 | 4,200,000 | 8,400,000 | 10,500,000 | 15,750,000 | 매출 대비 35% |
| 인건비 | | 1인 2,000,000 | 2인 4,000,000 | 2인 4,000,000 | 8시간 운영기준 |

| 구분 | 일 400개 | 일 800개 | 일 1000개 | 일 1500개 | 비고 |
|---|---|---|---|---|---|
| 공과금 및 경비 | 1,650,000 | 1,650,000 | 1,850,000 | 2,000,000 | 전기, 수도, 경비 외 |
| 총 운영비 | 7,650,000 | 13,850,000 | 18,150,000 | 23,550,000 | 1달 기준 지출 내용 |
| 순수익 | 4,350,000 (36%) | 10,150,000 (42%) | 11,850,000 (39.5%) | 21,450,000 (47%) | 수익률 |

*각 매장별 운영에 따라 금액 변동 가능 有

◆ 2021년도 가맹점 수익률(2021년도 창업매뉴얼 中)

| 구분 | 일 400개 | 일 800개 | 일 1000개 | 일 1500개 | 비고 |
|---|---|---|---|---|---|
| 일 매출 | 400,000 | 800,000 | 1,000,000 | 1,500,000 | 단가 1,000원 기준 |
| 월 매출 | 12,000,000 | 24,000,000 | 30,000,000 | 45,000,000 | 30일 기준 |
| 임대료 | 2,000,000 | 2,000,000 | 2,000,000 | 2,000,000 | 매장 평균 임대료(13PY) *지역마다 상이함 |
| 식자재 및 비용 | 4,800,000 | 9,600,000 | 12,000,000 | 18,000,000 | 매출 대비 40% |
| 인건비 | | 1인 2,000,000 | 2인 4,000,000 | 2인 4,000,000 | 8시간 운영기준 |
| 공과금 및 경비 | 650,000 | 650,000 | 850,000 | 1,000,000 | 전기, 수도, 경비 외 |
| 총 운영비 | 7,450,000 | 14,250,000 | 18,150,000 | 25,000,000 | 1달 기준 지출 내용 |
| 순수익 | 4,550,000 (38%) | 9,750,000 (41%) | 11,150,000 (37%) | 20,000,000 (45%) | 수익률 |

*각 매장별 운영에 따라 금액 변동 가능 有

*출처: 신고인 제출자료(소갑 제7호증 피심인 2020년도, 2021년도 창업매뉴얼)

하지만, 가맹본부는 **높은 수익률의 객관적인 근거 자료를 제대로 갖추지 않았습니다.** 대표와 지인이 운영하는 5개 점포 실적을 근거로 삼았다고 했지만, 이마저도 자료가 불충분했습니다.
또한 대구/경북 지역 **일부 점포 자료로 전국 가맹점의 수익률을 예측하는 것은 무리**였고, 하루 400개 **판매 매장의 인건비를 0원으로 가정했지만, 실제 영업시간(오전 9시~오후 10시, 연중무휴)을 고려하면 불가능한 가정**이었습니다. 실제로는 인건비가 발생했습니다. '식자재 및 비용'에서 포장재 비용이 빠지거나, '공과금 및 경비'가 매출과 관계없이 임의로 낮게 책정되는 등 기준이 불명확했습니다.
한편, 하루 평균 판매량 400개 미만의 불리한 예상 매출 정보는 생략하고, 하루 800개, 1,000개, 1,500개 등 실제 달성한 적 없는 높은 예상 매출만 제시하여 가맹희망자들이 수익표의 수익을 얻을 수 있을 것으로 착각하게 만들었습니다.
공정위는 가맹본부가 19명의 가맹희망자에게 객관적 근거 없는 수익표를 제공한 행위가 가맹사업법 제9조 제1항 제1호(허위 · 과장 정보제공행위)에 위반된다고 판단했습니다.

## 실전 작성 팁: 어떻게 제공해야 안전한가

그렇다면 어떻게 해야 법적 리스크를 피하면서 가맹희망자에게 합리적인 정보를 제공할 수 있을까요? 다음 네 가지 원칙을 꼭 지켜야 합니다.

### 원칙 1. 근거는 객관적으로

예상 매출액은 반드시 실제 운영 중인 가맹점들의 데이터를 기반으로 산출해야 합니다. 정보공개서 양식에서도 '직전 사업연도 말에 영업 중인 모든 가맹점'을 대상으로, 6개월 미만 운영 가맹점은 제외하는 등 합리적인 산정 방식을 요구하고 있습니다. 일부 우수 매장의 실적만으로 전체를 포장하려는 유혹에서 벗어나, 전체 데이터를 기반으로 한 정직한 수치를 제시해야 합니다.

### 원칙 2. 숫자는 보수적으로

하나의 확정된 숫자를 제시하기보다, 상한과 하한을 포함한 구간으로 정보를 제공하는 것이 훨씬 안전합니다. 또한, 단순히 예상 매출액만 보여주는 것은 매우 위험합니다. 아래 예시처럼, 매출액에서부터 각종 비용(원가, 인건비, 임대료 등)을 차감하여 최종 예상 순이익에 이르는 과정을 투명하게 보여주어야 합니다. 또한 업종에 따라 통상적으로 소요될 비용(예컨대, 배달비 및 플랫폼 입점 수수료)을 누락하여 결과적으로 실제보다 수익률이 높아지게 보이는 것도 피해야 합니다.

### 원칙 3. 일부 점포의 매출, 수익률을 전체 평균인 것처럼 오해를 주는 것도 금지

평균 수준보다 우월한 일부 직영점 또는 가맹점의 매출, 수익률만 제시하면서 마치 누구든지 그와 같은 매출과 수익률을 기록할 것처럼 오해할 수 있도록 기재하는 것도 금지됩니다. 직영점, 가맹점, 지역별 내지 상권유형별로 그 유형을 밝히면서 객관적인 데이터를 제공하는 것이 좋습니다. 그리고 소위 '오픈발'이 있을 수 있고, 업종에 따라 계절별 매출액에 차이가 있는 경우도 있습니다. 따라서 표본이 되는 점포의 매출액 등 산정기간도 명시할 필요가 있습니다.

### 원칙 4. 제공은 서면으로

가맹사업법 제9조에 따라, 예상 수익 정보 및 가맹점사업자의 과거 수익상황도 반드시 서면으로 제공하고 그 근거 자료를 보관해야 합니다. 구두로만 설명하고 근거를 남기지 않는 것은 법 위반일 뿐만 아니라, 향후 분쟁 시 본부에게 매우 불리하게 작용합니다. 모든 정보는 문서화하는 습관을 들여야 합니다.

### 원칙 5. 확인은 명시적으로

가맹희망자에게 예상 수익 정보를 제공할 때는, 이것이 확정된 수익이 아니며 여러 변수에 따라 달라질 수 있다는 점을 충분히 설명한 후, 이를 이해했다는 확인 서명을 받아두는 것이 최고의 방어 전략입니다. 아래와 같은 '가맹상담 확인서'를 활용하는 것이 좋은 방법입니다.

'가맹상담 확인서' 예시 항목

- 본인은 귀사로부터 제공받은 예상 매출액 및 수익 관련 자료가 실제 운영 데이터에 기반한 추정치이며, 미래 수익을 보장하는 것이 아님을 충분히 설명 들었습니다.
- 수익은 점포의 입지, 상권, 가맹점사업자의 운영 능력 등 다양한 요인에 따라 달라질 수 있음을 인지하였습니다. (서명) 예비 가맹점사업자 OOO

**가맹점 예상 수익 구조 예시표**

| 항목 | 금액 | 비고 |
|---|---|---|
| **매출액** | 35,000,000원 | *시범 직영점 1년 평균 기준 |
| 식자재 원가 | 12,000,000원 | (매출액의 약 34%) |
| 인건비 | 6,000,000원 | (점주 1인 + 파트타임 2명 기준) |
| 임대료 | 2,500,000원 | (15평 기준) |
| 기타 고정비 | 1,200,000원 | (공과금, 배달앱 수수료, 마케팅 등) |
| **예상 순이익** | **13,300,000원** | *월 매출액 대비 약 38%(세전) |

*위 수치는 당사 직영점의 실제 운영 데이터를 기반으로 제공되며, 지역, 운영방식, 점주의 역량에 따라 차이가 있을 수 있음을 명확히 합니다.*

*출처: 예상 매출액 산정서의 표준양식에 관한 규정(공정위. 2020. 6. 2.)

*"정직한 정보가 가장 강력한 무기입니다."*

예상 수익 정보는 가맹점 모집의 '달콤한 유혹'이 될 수 있지만, 동시에 브랜드의 신뢰를 무너뜨리는 '독이 든 사과'가 될 수도 있습니다. 화려한 숫자로 단기적인 계약을 유도하기보다, 철학과 아이템, 정직하고 현실적인 정보로 장기적인 파트너십을 구축하는 것이 진정으로 강하고, 지속가능한 가맹본부로 가는 지름길입니다.

**'예상 수익 상황'과 '예상 매출액 산정서'는 무슨 차이?**

예상 수익 상황은 모든 가맹본부가 제공할 수 있는 포괄적인 예상 수익 정보인 반면, 예상 매출액 산정서는 특정 규모 이상의 가맹본부가 의무적으로 제공해야 하는 구체적인 예상 매출액 범위와 산출 근거를 담은 문서입니다.

| 구분 | 예상 수익 상황 | 예상 매출액 산정서 |
|---|---|---|
| 개념 | 가맹희망자의 예상 매출액, 수익 등 장래의 예상 수익 정보 | 예상 매출액의 최저액과 최고액 범위 및 산출 근거 |
| 법적 근거 | 가맹사업법 제9조 제3항 제1호 | 가맹사업법 제9조 제5항 |
| 제공 의무 | 모든 가맹본부(제공 시 서면) | 중소기업자가 아니거나 가맹점 100개 이상인 가맹본부(의무) |
| 내용 및 범위 | 포괄적인 예상 수익 정보 | 특정 점포 예정지의 예상 매출액 범위 및 구체적 산출 근거 |

## 핵심 정리

✔ 모든 숫자는 객관적인 데이터로 증명할 것!
'우리 생각에는'이 아니라 'POS 데이터에 따르면'이라고 말하기!

✔ 최고의 시나리오가 아닌, 평균적인 시나리오를 제시할 것!
가맹희망자에게 막연한 기대를 심어주는 것은 결국 분쟁의 불씨가 됩니다.

✔ 모든 설명은 문서로 남기고, 상대방의 확인서명을 받을 것!
분쟁이 발생했을 때, 본사를 지켜주는 것은 구두 약속이 아니라 잘 관리된 서류 한 장!

PART 04

# 가맹점 모집과 오픈

## 4-1 첫 가맹점사업자는 어떻게 만나야 하나요?

그즈음, 김 사장님에게 지난번 신청한 상표 출원증이 도착했다.

**사장님:** (서류를 들며) 드디어 브랜드 이름이 법적으로 보호받게 되었네요. '상생버거', 이제 진짜 시작입니다.

**가맹거래사:** 축하드립니다. 가맹본부가 갖춰야 할 틀이 거의 다 완성됐습니다. 이제 함께할 가맹점사업자를  맞이할 준비만 남았네요.

**사장님:** 거래사님. 단골 고객 중 한 분이 창업 의향이 있으신데, 그분부터 첫 가맹점을 시작해 보는 건 어떨까요?

**가맹거래사:** 김 사장님, 첫 가맹점은 단순한 창업 계약자가 아니라 브랜드 철학을 함께 구현할 동반자를 찾는 작업입니다. 단순히 '누구랑 계약하느냐'가 아니라, 이 사람이 우리 브랜드의 방향성과 매뉴얼을 현장에서 그대로 재현할 수 있느냐가 훨씬 중요하죠. 매출보다 본질이 더 중요한 시점입니다.

**사장님:** 그래도 잘 아는 사람이면 믿을 수 있지 않나요? 소통도 편하고요.

**가맹거래사:** 물론 신뢰는 중요합니다. 하지만 감정이 개입된 결정은 오히려 브랜드 기준을 흐릴 수 있어요. 첫 가맹점은 브랜드의 거울입니다. 향후 들어올 10명의 가맹점사업자들이 이 1호점을 기준 삼아 판단합니다. **따라서 1호점은 실험 대상이 아니라 표준이 되어야 합니다.**

***"1호점은 실험 대상이 아닌 표준이 되어야 합니다."***

**사장님:** 그럼 어떤 분이 적합한 걸까요? 전 솔직히 운영 능력보단 성실한 분이 먼저라는 생각이 들긴 해요.

**가맹거래사:** 좋은 태도도 중요하죠. 하지만 가맹사업 초기에는 브랜드의 방

향성을 대표할 수 있는 사람이 필요합니다. 제가 생각하는 기준은 이렇습니다.

**첫째, 브랜드 철학을 충분히 이해하고 그 철학에 공감하는 분.**
**둘째, 가맹본부의 시스템에 적응할 수 있는 태도, 즉 본인의 스타일보다 가맹본부의 지침을 우선하는 분.**
**셋째, 피드백에 열린 자세로 소통이 잘 되는 분.**
**마지막으로, 상권 특성과 브랜드 타깃이 잘 맞는 지역에서 창업을 희망하는 분.**

**사장님:** 그럼 기존에 식당을 운영하셨던 분이 좋을까요? 아니면 아예 초보라도 괜찮을까요?

**가맹거래사:** 업종 전환 창업자도 괜찮습니다. 다만 그분이 브랜드의 철학을 수용할 준비가 되어 있는지가 더 중요하죠.

■ **첫 가맹점사업자 접근 채널 비교표**

| 채널 | 장점 | 유의점 |
|---|---|---|
| 지인/단골 | 높은 신뢰감 | 감정적 결정 피하기 |
| 업종 전환 창업자 | 현장 운영 이해도 보유 | 브랜드 시스템 적합도 검토 필수 |
| 창업 커뮤니티 | 타깃층 직접 도달 가능 | 과도한 홍보 시 신뢰도 저하 위험 |
| SNS 팔로워 | 브랜드 팬층 기반 유입 가능 | 콘텐츠 운영 지속성 필요 |
| 창업 박람회 | 대면 상담 및 홍보 동시 가능 | 후속 관리 시스템 필수 |

첫 가맹점사업자는 브랜드의 거울입니다. 그 한 명이 어떻게 운영하느냐에 따라 후속 가맹 희망자가 계약체결 여부가 달라집니다. 가맹 1호점은 매출보다 운영 충실도가 중요하며, 가맹본부의 브랜드가 의도한 매뉴얼과 시스템을 그대로 재현할 수 있는 사람이어야 합니다. 시스템이 갖추어지지 않은 상황에서 지인이라는 이유만으로 1호점을 내 줄 경우, 시스템이 마련된 후 분쟁이 발생할 가능성이 매우 큽니다.

따라서 다음과 같은 자가진단표를 활용해서 1호점을 운영하기에 적합한 분을 찾아보는 노력을 해보시기 바랍니다. 물론 항목은 예시이므로 참고만 하세요.

■ **자가진단: 우리 브랜드의 1호점 가맹점사업자는 누구여야 하는가?**

| 항목 | 점검 여부 | 설명 |
|---|---|---|
| 브랜드 이해도가 높은가? | □ Yes / □ No | SNS 팔로워, 단골 등 브랜드 인지 여부 |
| 상품에 대한 이해도가 높은가? | □ Yes / □ No | 유사 업종 종사 경험 |
| 가맹본부의 시스템을 잘 따라올 수 있는가? | □ Yes / □ No | 개인적 운영 스타일보다 가맹본부의 기준 중시 |
| 커뮤니케이션이 원활한가? | □ Yes / □ No | 피드백 수용 및 지속적인 소통 가능성 |
| 지역 상권과의 궁합은? | □ Yes / □ No | 브랜드 타깃과 상권이 일치하는가? |

## 4-2 영업대행사를 써도 될까요?

**사장님:** 1호점이 잘 안착하고 있어요. 이제 본격적으로 가맹점을 늘리고 싶은데, 영업대행사를 써보는 건 어떨까요?

**가맹거래사:** 네, 가맹점사업자 모집에 있어 영업대행사를 활용하는 것은 좋은 선택지가 될 수 있습니다. 다만, 영업대행은 브랜드의 시스템과 기준이 현장에서 충분히 검증된 이후에 사용하는 게 좋습니다. 기준 없이 대행을 활용하면 단기 모집은 가능해도 장기적으로는 분쟁이나 브랜드 이미지 훼손으로 이어질 수 있습니다.

**사장님:** 그럼 어떤 대행사를 선택해야 할까요? 수수료는 어떤 조건이 보통인가요?

**가맹거래사:** 중요한 건 수수료가 아니라 '브랜드에 맞는 점주를 필터링해줄 수 있는가'입니다. 계약 유도만 빠른 곳보다, 상담 경험이 있고 정보공개서나 숙고기간 등 법적 요건도 설명해줄 수 있는 곳이 좋습니다.

**■ 영업대행사 선정 시 고려사항**

| 항목 | 확인 포인트 |
|---|---|
| 브랜드 이해도 | 대행사가 브랜드 철학과 기준을 충분히 이해하고 있는가 |
| 상담 기준 준수 | 정보공개서 제공, 숙고기간 설명 등 법적 절차를 정확히 안내하는가 |
| 성과 기준 설정 | 계약 수만 강조하지 않고, 운영 안정성과 유지율을 함께 평가하는 구조인가 |
| 수수료 구조 | 과도한 성공 수수료 유도 구조는 아닌가 |

**■ 영업대행 활용의 장단점**

| | |
|---|---|
| 장점 | 빠른 초기 확장, 외부 네트워크 활용 가능 → 홍보 비용 대비 빠른 결과 도출 |
| 단점 | 브랜드 기준 미정립 시 혼란 초래 → 무리한 계약 유도로 향후 분쟁 가능성↑ |

영업대행은 단기 유입의 수단일 뿐, 브랜드의 근본을 대신할 수는 없습니다. 기준 없는 확장은 무너짐의 시작이 됩니다. 대행 파트너를 선택할 때는 '계약 건수'보다 '누가 운영하게 될지'를 함께, 제대로 따져보세요.

## 4-3 가맹점사업자 모집 시 상담은 '설득'이 아니라 '검증'입니다

**사장님:** 어제 상담한 분이 있었는데요. 제가 너무 설득하려 했던 것 같아요. 설명을 너무 많이 해서 오히려 제가 부담을 준 건 아닌지 걱정이 되네요.

**가맹거래사:** 사장님, 가맹점사업자 모집은 설득의 자리가 아닙니다. 계약을 따내는 게 목적이 아니라, 우리 브랜드와 맞는지를 함께 검증해 보는 시간

이에요. **오히려 브랜드가 가맹점사업자를 선별**해야 합니다.

**사장님:** 그분이 가맹계약을 하고 싶다고 연락이 왔는데, 막상 계약을 체결하려고 하니 준비가 덜 된 느낌이 들어요.

**가맹거래사:** 저도 예전에 그런 실수를 했습니다. 무조건 가맹계약이 빨리, 많이 성사되면 좋을 줄 알았는데, 결국 그 분은 교육도 제대로 이수하지 않고 중도에 철수했어요. 또 계약을 서두르는 분 중에 이후 가맹본부의 방침을 제대로 따르지 않아 결국 법적 분쟁까지 겪으며 어렵게 계약관계를 종료한 사례도 있었습니다. 그 이후로는 꼭 '검증' 중심의 상담을 합니다. 우리가 그분을 '모셔오는' 게 아니라, 함께할 수 있는 분인지 '검증'하는 과정인 거죠.

**사장님:** 그렇다면, 앞으로 어떤 질문을 던져야 좋을까요?

**가맹거래사:** 예를 들어, '왜 우리 브랜드를 선택하셨나요?', '창업 전 준비한 자금은 어느 정도인가요?', '이전에 운영 경험이 있으신가요?', '가족은 창업에 동의하셨나요?'와 같은 현실적인 질문이 중요해요. 이런 질문을 통해 계약 이전에 실질적인 적합성을 판단해야 합니다.
일례로, 좋은 가맹점사업자는 계약서를 읽는 태도에서도 차이를 보여줍니다. 브랜드를 진지하게 대하는 사람과 단순히 매장을 차리고 싶은 사람을 구분하는 것이 가맹점 모집 상담의 본질이라고 할 수 있습니다.

■ **가맹 상담 4단계**

| 단계 | 설명 |
| --- | --- |
| 1단계 | 브랜드 철학 공유 — 왜 시작했는가 |
| 2단계 | 창업 조건 확인 — 자금, 지역, 가족 동의 여부 |
| 3단계 | 상품 및 가맹사업 시스템 설명 — 매출 구조, 운영 방식 |
| 4단계 | 계약 안내 — 정보공개서 제공, 계약의 주요 내용에 대한 설명, 숙고기간 안내 등 |

가맹점사업자는 가맹본부의 단순한 고객이 아닙니다. 함께 브랜드를 이끌어 갈 파트너입니다. 상담은 설득이 아니라 동업을 하기에 적합한 분인지를 확인, 검증하는 과정이며, 이러한 검증 과정을 생략한 채 '로열티 0원' 등의 자극적이거나 과장된 수익 제시를 통해 이루어지는 무리한 가맹점사업자 유치는 향후 분쟁의 씨앗이 됩니다.

■ **자가점검: 나는 가맹점사업자를 제대로 '검증'하고 있는가?**

| 항목 | 점검 여부 | 설명 |
|---|---|---|
| 충분한 질의응답을 진행했는가 | □ Yes / □ No | 일방적 설명이 아닌 쌍방 커뮤니케이션 여부 |
| 가맹본부의 시스템을 명확히 전달했는가 | □ Yes / □ No | 매뉴얼, 수익구조, 역할 구분 명확히 설명 여부 |
| 예상 매출액 등 수익현황을 과장하지 않았는가 | □ Yes / □ No | 서면 제공 여부, 그 근거에 대해 오해의 소지가 없도록 잘 설명하였는지 여부 |
| 가맹계약의 체결을 서두르지 않았는가 | □ Yes / □ No | 계약의 주요 내용을 설명하고 숙고기간을 부여했는지 여부 |

## 4-4 설명회는 '브랜드의 철학을 전달하는 자리'입니다

**사장님:** 창업설명회를 한번 해보려고 합니다. 예산이 넉넉하진 않은데, 간단하게 구성해도 될까요?

**가맹거래사:** 충분히 가능합니다. 설명회의 핵심은 장소가 아니라 내용입니다. ① 브랜드가 왜 시작됐고, ② 가맹본부가 어떤 철학을 갖고 있으며, ③ 어떠한 가치를 전달하고자 하는지, 이 세 가지를 명확히 말할 수 있어야 해요.

**사장님:** 시식 행사랑 Q&A 정도 준비해볼까 하는데 괜찮을까요?

**가맹거래사:** 좋습니다. 브랜드 소개 → 시식 체험 → Q&A 순으로 진행해 보세요. 예비 점주 입장에선 정보뿐만 아니라 '감정'이 남습니다. 첫 인상이 중요하죠.

**사장님:** 설명회에서 가맹계약까지 바로 연결되면 좋은 거 아닌가요?

**가맹거래사:** 그건 오히려 가맹사업법 위반입니다. 정보공개서 및 계약서류 제공 후 원칙적으로 14일의 숙고기간을 지켜야 하고, 정식 계약은 아니더라도 설명회 현장에서 가계약서를 작성하고 가계약금을 받는 것도 가맹사업법에 위반되므로 하지 않으셔야 합니다.

**사장님:** 아, 그렇군요. 설명회 당일에 계약체결은 불가능하군요. 그럼 예상 매출이나 수익 등 정보는 어느 정도로 설명하면 되나요?

**가맹거래사:** 지금은 직영점만 운영하시므로, 우선은 직영점을 기반으로 한 정보만 제공이 가능하실 겁니다. 이를 기초로 예상되는 매출액 및 수익 현황 정보를 제공할 수도 있는데요, 이때 반드시 '서면'으로 제공하여야 하고, 그 수치에 대한 산정방식과 객관적 근거가 제시될 수 있도록 준비하셔야 합니다. 그리고 이 수치는 입지, 상권, 운영자 역량에 따라 달라질 수 있다는 단서를 꼭 함께 설명해야 해요.

■ **설명회 시 반드시 피해야 할 행동**

| 구분 | 법 위반 리스크 | 올바른 방법 |
|---|---|---|
| ① 예상 수익 과장 | 허위, 과장정보제공에 따른 가맹금 반환, 해지 및 민사손해배상 책임, 행정상 제재 | 서면으로 제시. 매출액 및 수익에 대해서는 객관적 자료를 바탕으로 근거와 산정식 등을 설명 |
| ② 현장 가계약 유도 | 가계약금이 지급된 경우 정보공개서 제공 전 가맹금 수령 등 가맹사업법 위반에 따른 행정상 제재 | 금전을 받는 방식의 가계약 체결은 금물 |
| ③ 과도한 투자비 요구 | 표준투자금액 초과 요구 시 경우에 따라 형사책임을 질 수 있음 | 정보공개서와 다른 투자비용 요구 금지 |

| ④ 가맹계약서 사전 미제공 | 계약서 사전 교부 미준수 | 가맹사업법 위반, 계약효력 다툼 가능성 |
|---|---|---|
| ⑤ 설명회 참석 유도 후 계약체결 | 충분한 숙려기간 미제공에 따른 법 위반 제재, 계약해지 및 가맹비 반환 | 설명회 당일에는 계약체결이 불가능!<br>14일의 숙려기간을 준수할 것 |

## 가맹희망자 제공용 브로슈어 구성 예시(가맹 개설 프로세스 기반)

### 1. 브랜드 소개 및 상담 절차

- 브랜드 철학, 창업 배경 및 핵심 가치 소개
- 가맹 상담 신청 방법 및 희망자 자격조건 안내

### 2. 입지 검토 및 계약체결

- 상권 분석 및 출점 가능성 평가
- 임대차 계약체결, 가맹계약 주요 조건 설명

### 3. 매장 설계 및 인테리어

- 실측 레이아웃 확정 절차
- 인테리어 공사 범위, 감리, 준공 일정 안내

### 4. 가맹점주 교육 프로그램

- 조리 매뉴얼 및 운영 시스템 교육
- 위생 · 서비스 · POS 등 실무 중심 교육 구성

5. 오픈 준비 및 점검 지원

- 초도물류 발주 및 장비 설치
- OPEN 전 점검리스트 체크 및 본사 슈퍼바이저 사전 방문

6. 지속적인 운영 지원 시스템

- 정기 슈퍼바이저 방문, 위생 등 현황 점검 및 매출 모니터링
- 마케팅/CS/신메뉴 개발 등 본사 지속 지원 체계 설명

■ 설명회 구성 예시

| 구분 | 내용 |
|---|---|
| 장소 | 매장 한켠 or 공유오피스 회의실 |
| 흐름 | 브랜드 소개 → 시식 → Q&A → 개별 상담 신청 |

■ 자가점검: 우리 브랜드 설명회는 잘 준비되어 있는가?

| 항목 | 점검 여부 | 설명 |
|---|---|---|
| 브랜드 철학이 설명되는가 | □ Yes / □ No | 누구나 이해할 수 있게 전달되는가 |
| 제품 시식 또는 시연 포함 여부 | □ Yes / □ No | 공감대 형성 위한 실체적 체험이 있는가 |
| 창업 절차 안내 여부 | □ Yes / □ No | 초기상담부터 오픈까지 단계별 안내를 포함하는가 |
| 예상 수익 서면 근거 확보 여부 | □ Yes / □ No | 정보공개서 및 사실에 기반하였는가 |
| 계약서, 정보공개서 준비 여부 | □ Yes / □ No | 법정의 요건에 맞게 준비된 계약서, 정보공개서를 제공하고 설명할 준비가 되었는가 |

설명회는 그동안 자신이 구축하고 가꿔온 브랜드를 처음으로 세상에 선보이는 자리입니다. 가맹점사업자를 몇 명 모집했는지보다 더 중요한 것은 브랜드의 정체성, 진정성, 그리고 가능성을 창업희망자들에게 각인시키는 일입니다. 이러한 관점에서 설명회를 준비한다면, 가맹본부의 진심을 이해

하고 가맹본부와 함께 성장할 진정한 '동업자'를 만날 가능성이 높아질 것입니다.

## 4-5 가맹계약체결 시 반드시 알아야 할 법적 쟁점

**사장님:** 계약서를 작성하려고 보니까 조항도 많고 용어도 낯설어서, 솔직히 어디부터 신경써야 할지 잘 모르겠습니다.

**가맹거래사:** 맞습니다. 지난 번에 자세히 설명드렸지만, 그래도 수많은 계약 조항은 일반인에게 어렵게 느껴지기 마련입니다. 우선, 공정위가 홈페이지에 공개해둔 표준계약서 양식을 기초로, 사장님 브랜드의 특성에 맞는 계약 조건만 손본다고 생각하시면 편합니다.

한편, 계약서에 나오는 모든 조항이 중요하지만, 실무에서 특히 분쟁이 잦은 조항 몇 가지를 아주 간략히 다시 한 번 짚고 넘어가보겠습니다. 아래 항목들입니다.

- **가맹비 및 보증금:** 명칭과 액수는 물론, 반환 여부, 조건 확인
- **영업지역 설정:** 명확한 기준인지, 중복 출점인지 여부 확인
- **영업시간:** 강제 운영 기준 포함 여부
- **필수품목 지정 및 공급가액 산정 방식:** 독점공급 여부, 공급가액 및 협상 절차 등 기재
- **차액가맹금 수취 구조:** 유통 마진 및 이익 귀속 방식
- **광고 및 판촉비 부담:** 본부 · 가맹점 분담 비율
- **환경개선 비용:** 리뉴얼 사유 및 비용 분담 기준
- **계약해지 및 위약금 조항:** 중도 해지 조건 및 위약금 산정 방식

**사장님:** 말씀 듣고 보니까 하나하나 다 중요하네요. 그런데 그 전에 정보공개서는 잘 전달했고, 계약 날짜를 이번 주로 잡아놨는데요. 혹시 **숙고기간**

은 꼭 14일을 채워야 하나요?

**가맹거래사:** 네. 이 부분은 특히 주의하셔야 합니다. 가맹사업법 제7조에 따르면, 정보공개서, 가맹계약서, 인근가맹점현황문서를 제공한 날로부터 14일이 지나야 계약체결이 가능합니다. 이를 어기면 과태료 처분은 물론, 계약 자체가 무효로 다퉈질 소지도 있습니다.

**사장님:** 아, 14일… 꼭 지켜야 하는군요.

**가맹거래사:** 기간을 단축할 수 있는 방법이 하나 있긴 합니다. 만약 가맹희망자가 **가맹거래사 또는 변호사의 자문을 거친 경우**, 숙고기간을 **7일로 단축**할 수 있습니다. 다만, 반드시 자문 확인서를 보관하셔야 합니다.

### 정보제공서 제공 후 나중에 계약자 명의만 바뀐 경우, 정보공개서 제공 및 숙고기간 준수 요건?

**사장님:** 예비 창업자로 부부가 함께 상담을 받았는데요. 처음엔 남편 A씨 명의로 진행했어요. 정보공개서, 가맹계약서, 인근가맹점현황문서를 전자문서로 전달했고, A씨가 직접 열람했고 전자서명도 완료했습니다. 그런데 계약 직전에 세무사와 상의한 결과, 아내인 B씨 명의로 계약을 진행하겠다고 해서, 제가 동일한 자료를 B씨 이메일로 다시 전송했습니다.

B씨도 제공확인서에는 전자서명을 완료했지만, 다시 보낸 자료를 실제로 열람하지는 않았어요. 다만, 부부가 처음부터 함께 상담을 받았고, 남편이 열람할 때 옆에서 함께 내용을 충분히 숙지한 건 사실입니다.

이 경우, 시스템상 'B씨 명의로 재전송된 문서의 열람 이력'이 없다는 이유만으로 정보공개서 제공 요건을 충족하지 못한 것으로 간주될 수 있을까요? 실질적으로는 열람과 숙지가 이루어졌고, 제공확인서도 재작성되었는데, 형식 요건 문제로 법 위반이 되는 건 아닌지 걱정됩니다.

**가맹거래사:** 사장님처럼 실무에서 자주 발생하는 상황입니다. 공정위 민원

회신에서는 이와 유사한 사례에 대해 명의 변경이 있었더라도 아래 두 가지 요건을 충족하면 정보공개서 제공 요건은 인정된다는 입장을 밝혔습니다.

**공정위 민원 회신 요약** (접수번호: 1AA-2505-0599400)

**변경 후 명의자의 전자열람 이력이 없더라도 아래 요건 충족 시 2차 제공일 기준으로 숙고기간 산정 가능함**

① 최초 제공 시점에 실제 계약자가 **함께 열람하고 충분히 숙지한 사실이 명백**할 것

② 동일 정보공개서를 실제 계약자 명의로 **전자적 방식으로 재제공하고, 전자서명까지 완료**할 것

위 2개 요건 충족 시, 전자서명일 기준으로 **14일(또는 자문 시 7일)** 경과 후 계약체결 가능

**사장님:** 그러면 저희 사례는 문제가 없겠네요. B씨도 서명은 완료했고, 애초에 남편과 함께 내용을 숙지한 상태에 있었으니까요.

**가맹거래사:** 네, 정확히 판단하셨습니다. 다만 시스템상 열람 기록이 누락된 경우를 대비해, 당사자가 함께 열람했다는 사실을 내부 회의록이나 이메일로 간단히라도 증빙해두면 더 안전합니다.

앞으로도 명의 변경이 있을 때는 반드시 정보공개서를 재제공하고, 서명과 열람 여부를 명확히 관리해두는 습관을 들이시면 좋습니다.

**실무 Point**

**계약체결 과정에서 챙겨야 할 사항**

- 계약체결 전 제공서류 3종(정보공개서, 가맹계약서, 인근가맹점현황문서)은 전자제공 이력 + 서명일자 확인 필요정보공개서 제공 후 14일 숙고기간은 원칙 / 가맹거래사 또는 변호사 자문 시 7일로 단축 가능
- 계약 당사자 명의가 변경된 경우에도 공동 열람 + 전자 재제공 + 서명 이력이 명확하면 유효
- 실제 계약 전에는 법률 검토 확인서 / 제공이력 스크린샷 / 전자서명 인증자료 보관 필수

가맹계약은 단순한 거래서류가 아니라 브랜드 파트너십을 체결하는 매우 중요한 문서입니다. 불명확한 조항은 분쟁의 씨앗이 되고, 명확한 조항은 장기 동행의 기초가 됩니다. 아울러, 아무리 금과옥조로 이루어진 계약서여도 당사자 간 충분한 설명과 이해가 뒤따르지 않으면 마찬가지로 불필요한 분쟁의 씨앗이 됩니다. 따라서 계약서 초안은 반드시 전문가 검토 후 최종 확정하시기를 권장드리며, 가맹희망자에게 계약서 내용을 설명하는 사람도 계약서에 대한 충분한 이해가 되어 있어야 한다는 점을 명심하세요.

## 4-6 일정표는 신뢰를 쌓는 첫 단추입니다

**사장님:** 첫 가맹계약이 마무리됐습니다! 그런데 오픈까지 뭘 어떻게 순서대로 해야 할지 모르겠어요. 그냥 전화나 문자로 안내하면 될까요?

**가맹거래사:** 전화나 말로만 하면 체계도 없어 보이고 빠지는 항목이 생깁니다. 가맹점사업자는 보통 '창업이 처음'이기 때문에 전 과정을 종이 한 장에 정리해서 전달하는 것이 가맹본부에 대한 신뢰를 형성하는 지름길입니다. 일정표는 '우리는 준비된 가맹본부입니다'를 보여주는 증거예요.

**사장님:** 그럼 일정표를 어떻게 작성하면 좋을까요 ?

**가맹거래사:** 단계별로 해야 할 일을 정리하고, 담당자와 기간, 책임 범위를 명확히 하는 내용이 들어가야 합니다. 특히 인테리어 일정과 교육 일정이 겹치지 않도록 하는 것이 중요합니다.

■ 오픈 일정표 예시(6단계)

| 주차 | 단계 | 주요 내용 |
|---|---|---|
| 1단계 | 계약체결 | 정보공개서 열람 → 계약서 서명 → 가맹비 입금 |
| 2단계 | 교육 준비 | 사업자등록, 위생교육 수강 / 본사 이론교육 시작 |
| 3단계 | 시공 착수 | 도면 확정 → 인테리어 시공 시작 / 조리 실습 병행 |
| 4단계 | 시공 + 교육 | 현장 공사 점검 / 운영 매뉴얼 교육 진행 |
| 5단계 | 마무리 점검 | 장비 세팅 / POS 설치 / 메뉴 조리 리허설 |
| 6단계 | 오픈 주간 | 슈퍼바이저 현장 파견 / 소프트 오픈 / 정식 오픈 |

■ 자가점검 체크리스트

| 항목 | 점검 여부 | 설명 |
|---|---|---|
| 교육 일정 구체화 | □ Yes / □ No | 이론 → 조리 → 운영 구분 안내 |
| 시공 일정 포함 | □ Yes / □ No | 공정별 책임자 및 체크포인트 포함 |
| 오픈 전 리허설 포함 | □ Yes / □ No | 매장 실제 운영 리허설 계획 포함 |
| 슈퍼바이저 지원 명시 | □ Yes / □ No | 오픈 이후 현장관리 지원 시기 명시 |

일정표는 단순한 체크리스트가 아닙니다. 가맹본부의 실행력과 체계를 나타내는 문서입니다. 가맹사업에서 가장 실무적인 마케팅 도구이므로 혼선이 없도록 잘 준비하셔서, 가맹점사업자에게 준비된 가맹본부임을 보여주세요!

PART **05**

# 오픈 이후의 관계 유지와 운영관리 실전

## 5-1 오픈 준비는 리허설이 아니라 실전처럼

**사장님:** 가맹점 오픈 일정이 확정되었고, 초도물품 일정이 다가오는데, 막상 어떤 순서로 점검, 준비해야 할지 감이 잘 안 옵니다.

**가맹거래사:** 김 사장님, 이제부터가 진짜 시작입니다. 초도물품이 매장에 들어오는 날부터는 단순한 준비가 아니라, 실제 운영을 위한 세부 점검이 본격적으로 이뤄져야 합니다. 슈퍼바이저가 현장에 투입되는 것도 이 시점부터입니다.

**사장님:** 식자재만 받아놓으면 되는 줄 알았는데, 다른 것도 점검할 게 많은가요?

**가맹거래사:** 당연하죠. 초도물품은 단순히 받아두는 게 아니라, 수량과 품질 확인, 보관 기준, 진열 동선까지 체크해야 합니다. 그리고 그 다음은 시운전입니다. 메뉴 조리, 고객 응대, 포스 작동 여부, 하나라도 제대로 안 되면 오픈 당일에 바로 문제가 됩니다. 가맹본부는 가맹점사업자가 준비를 확실히 할 수 있도록 철저히 감독, 지원해야 합니다.

■ **초도물품 수령과 현장 세팅**

| 항목 | 주요 내용 |
|---|---|
| 검수 | 납품 수량, 품질, 유통기한 등 이상 유무 확인 |
| 분류 | 냉장, 냉동, 상온 품목 구분 후 보관 기준 안내 |
| 진열 | 조리 동선에 따라 식자재, 소스류, 소모품 진열 |
| 정리 | 포장 박스 폐기, 여분 재고 분리, 포장재 관리 |

**가맹거래사:** 이제 본격적인 시운전에 들어가야 하는데요, 시운전은 단순한 테스트가 아니라, 실제 오픈처럼 조리와 고객 응대, 결제까지 전 과정을 리허설하는 과정입니다. 이 과정을 통해 직원들의 동선이 자연스러운지, 메뉴 제공 시간이 적절한지, 고객 응대는 매뉴얼에 맞게 이뤄지는지 등을

꼼꼼히 확인합니다.

**사장님:** 시운전은 며칠 정도 하도록 해야 할까요?

**가맹거래사:** 최소 1~2일은 권장합니다. 첫째 날은 가맹점 직원 중심으로 훈련하고, 둘째 날은 지인이나 가족을 가상의 고객으로 초대해 운영해보는 것도 좋은 방법입니다.

**사장님:** 그러면 오픈 전날에는 어떤 준비를 해야 하나요?

**가맹거래사:** 오픈 하루 전에는 최종 점검을 합니다. 유니폼과 명찰 준비, 메뉴판 점검, 오픈 이벤트 준비물, POS 결제 테스트까지 모두 다시 확인해야 합니다. 사소한 문제가 오픈 첫날 전체 흐름을 망칠 수 있기 때문에 '최종 점검 리스트'를 만들어 가맹점사업자가 제대로 오픈 준비를 하는지 체크하셔야 합니다.

### 정식 오픈 전 최종 점검 리스트 예시

**1. 운영 도구 및 인력 준비**

- 유니폼 및 명찰 준비 완료(직원 수 대비 충분히 확보)
- 명세서, 영수증 롤지, 배달전표 등 운영 소모품 확보
- 근무 스케줄표 작성 및 교대 인원 확정
- 전화 응대 멘트 숙지 및 실습 완료
- 점주 및 전 직원 교육 수료 여부 확인

**2. 결제 시스템 및 매장 설비 점검**

- POS 시스템 정상 작동 확인(테스트 결제 포함)
- 카드 단말기, 바코드 스캐너, 키오스크 등 작동 확인
- 전기 · 가스 · 상하수도 · 환풍기 작동 여부 최종 점검
- 냉난방기 작동 상태 및 A/S 연락처 비치
- 주방 장비(조리기구, 커피머신 등) 설치 및 사용법 숙지

### 3. 매장 내 · 외부 환경 점검

- 간판 설치 상태 및 시인성 확인(야간 점등 포함)
- 실외 배너 · 입간판 위치 점검(보도/차도 침범 금지)
- 메뉴판, 홍보물, 리플렛 등 매장 내외 배치 완료
- 테이블 · 의자 배치 고객 동선 고려해 적정 간격 유지
- 화장실 비품(비누, 휴지, 방향제 등) 비치 확인

### 4. 재고 및 물류 준비

- 필수품목(가맹본부 지정) 입고 및 검수 완료
- 초도 원부재료 최소 7일치 확보
- 포장재, 쇼핑백, 컵 등 소모품 수량 확인
- 물류 배송 일정표 및 비상 주문 프로세스 숙지

### 5. 마케팅 및 오픈 이벤트 준비

- 영업시간 안내문 출입문 부착
- SNS 등록 및 매장 위치 온라인 지도 등록
- 와이파이 안내문 고객이 보기 쉬운 위치에 부착
- 오픈 이벤트 리플렛, 경품, 샘플, 응대 멘트 준비
- 사진 촬영 장소 사전 확인(SNS 게시용 콘텐츠)

### 6. 슈퍼바이저 오픈바이징 & 최종 점검

- 오픈 3일 전 사전 세팅 점검(매장 동선, 청결, QSC)
- 오픈 당일 슈퍼바이저 현장 지원 및 응대 체크
- 오픈 +1일 매장 운영 흐름 안정화 점검
- QSC 기준표(품질, 서비스, 위생) 항목별 이행 확인
- 소방, 전기, 가스 등 안전 점검표 체크 완료

### 7. 비상 대응 및 커뮤니케이션 체계

- 본사 담당자 연락처(24시간 응대 가능 여부 확인)
- 전기 · 가스 · POS · 냉동장비 A/S 센터 번호 비치
- 법적 문제 발생 시: 가맹거래사 · 법률 자문 연락망 확보
- 배달 동시 주문 처리 연습(POS 및 주방 동선 중심)

- 클레임 발생 시 대응 매뉴얼 숙지
- 재고 부족 상황 시 긴급 대응 절차 숙지

**가맹거래사:** 오픈 당일은 모든 게 완벽할 수는 없습니다. 중요한 건 현장에서 문제가 생겼을 때 대응하는 힘입니다. 첫째 날 피드백은 모두 기록해 두시고, 하루가 끝나면 직원들과 간단한 피드백 회의를 꼭 하세요. 그게 진짜 운영의 시작입니다.

---

오픈 준비는 절차가 아니라 시뮬레이션입니다. 철저한 리허설과 체크리스트 점검을 통해 실수를 줄이고, 문제 발생 시 즉각 대응할 수 있는 준비가 성공적인 가맹점 운영의 출발점입니다.

## 5-2 오픈 초기 마케팅, 가맹본부는 무엇을 지원하는가?

**사장님:** 가맹점 오픈이 코앞인데, 본사에서는 마케팅을 어떻게 도와주나요? 혹시 지원이 따로 있나요?

**가맹거래사:** 예, 김 사장님. 사실상 가맹점의 성패는 오픈 초기에 결정된다고 해도 과언이 아닙니다. 그래서 많은 가맹본부들은 '오픈 마케팅 패키지'를 운영하고 있어요. **브랜드 노출, 방문 유도, 구매 전환** 이 세 단계를 중심으로 가맹본부가 적극적으로 개입하는 구조죠.

**사장님:** 오픈 이벤트만 하더라도 뭐가 필요한지 잘 모르겠어요.

**가맹거래사:** 가맹본부의 역할은 가맹점사업자가 고객 확보라는 과제를 혼자 떠안지 않도록, 체계적이고 반복 가능한 방식으로 초기 유입을 만들어 주는 것입니다. 예컨대 전단지 배포나 SNS 이벤트뿐 아니라, **배달 플랫폼**

**광고, 지역 상권 타깃 프로모션, 인플루언서 협업**까지 포함되기도 해요.

**사장님:** 홍보비는 가맹점사업자가 다 부담하나요?

**가맹거래사:** 브랜드마다 다르지만, **초기 1회성 홍보비 일부는 가맹본부가 부담**하는 경우가 많습니다. 예를 들어 전단지 디자인 · 인쇄는 본부 부담, 배포 인건비는 가맹점사업자 부담하는 방식이죠. 중요한 건 오픈 마케팅의 목적은 '홍보'가 아니라 '첫 인상 확보'라는 겁니다. 브랜드가 고객과 처음 만나는 접점인 만큼, 허투루 준비하면 평판 회복에 **훨씬 더 많은** 시간이 걸립니다.

단, 여기서 중요한 건, 홍보비는 법상 광고비, 판촉을 위한 홍보라면 판촉비 분담에 해당하기 때문에 **가맹점사업자에게 비용을 분담시키려면 법에서 정하는 요건과 절차를 충족**해야 한다는 점입니다. 계약서에 이에 대한 구체적인 분담 비율을 정한 것이 없다면, 별도 약정을 통해 비용 분담에 대한 합의를 하셔야 합니다.

■ **오픈 마케팅 구성 항목 예시(실전 적용 사례 기반)**

| 구분 | 항목 | 상세 내용 | 담당 주체<br>(법상 요건과 절차에 따른 것임을 전제로 함) |
|---|---|---|---|
| 오프라인 | 전단지 제작 · 배포 | 상권 내 500~1,000부 배포 / 아파트 우편함 · 상가 / 오픈 3일 전 시작 | 본부+가맹점사업자 |
| 배달앱 | 배달 플랫폼 광고 | 할인 쿠폰, 첫 주문 시 사은품, '신규매장' 노출 요청 | 본부 |
| SNS | 인스타그램 계정 개설 / 이벤트 운영 | 인증 이벤트, 팔로우 이벤트, 후기 리그램 | 가맹점사업자 중심, 본부 가이드 제공 |
| 현장 이벤트 | 시식 행사, 할인 행사 | 방문 고객 대상 시식, 런칭 한정 1+1 프로모션 | 가맹점사업자 |
| 커뮤니티 | 지역 맘카페, 네이버플레이스 | 플레이스 리뷰 선점, 지역 단톡방 홍보 | 본부 + 가맹점사업자 |

**사장님:** 마케팅 효과가 잘 났는지는 어떻게 확인하죠?

**가맹거래사:** 오픈 후 **첫 일주일간 방문자 수, 배달 주문 수, SNS 반응**을 수치로 기록해 두세요. 이를 기반으로 본부와 피드백 회의를 진행해야 **추가 마케팅 투입 시점을 판단**할 수 있습니다. 그리고 매출보다 더 중요한 건 **브랜드 호감도**입니다. 이 시기 고객의 반응은 입소문으로 확산되기 때문에, 서비스나 응대가 흐트러지면 단순 매출 저하가 아니라 브랜드 이미지 훼손으로 이어질 수 있습니다.

---

오픈 마케팅은 단발성 행사가 아니라 고객에게 브랜드 첫인상을 심는 과정입니다. 브랜드가 고객의 기억에 어떻게 남을지를 결정짓는 첫 3일은, 단순한 매출보다는 '좋은 경험'을 설계해야 합니다. 가맹점사업자는 이 시기를 기회로 삼고, 본부는 시스템화된 마케팅 툴을 통해 이를 뒷받침해야 진짜 프랜차이즈입니다.

## 5-3 오픈 이후의 피드백 시스템이 성패를 좌우한다

**사장님:** 오픈하고 나니까 현장에서 예상치 못한 문제들이 계속 보고가 되네요. 포스가 느리다거나, 조리 동선이 불편하다는 등의 의견이 접수됩니다.

**가맹거래사:** 그래서 오픈 이후 일주일을 가장 중요하게 봐야 한다는 겁니다. 고객 리뷰가 쌓이고 클레임이 집중되는 시기죠. 이때 본부가 문제를 인지하고 대응하지 않으면 브랜드 평판에 타격을 입을 수 있고, 장기적으로는 가맹점 이탈로 이어질 수 있습니다.

**사장님:** 초기 가맹점들이 불안해하지 않도록 현장 지원을 강화해야겠네요. 어떤 방식으로 접근해야 할까요?

**가맹거래사:** 피드백 시스템을 매뉴얼화해야 합니다. 단순히 연락받는 수준이 아니라, 슈퍼바이저의 방문 → 리포트 작성 → 본부 내 회의 → 재점검까지 일관된 프로세스가 필요합니다.

■ **오픈 후 7일 피드백 시스템 – 단계별 운영 예시**

| 단계 | 시점 | 주요 내용 | 결과 처리 |
|---|---|---|---|
| STEP 1 | 오픈 D+1~3일 | 슈퍼바이저 집중 방문 / 직원 응대, 조리 동선, 클레임 발생 여부 관찰 | 피드백 체크리스트 작성, 사진 · 영상 기록 |
| STEP 2 | D+4~5일 | 가맹점사업자 인터뷰 / 운영 중 불편사항, 직원 피로도, 예상과 다른 점 정리 | 운영 리포트 작성, 본부 공유 |
| STEP 3 | D+7일 | 개선조치 이후 재점검 / 현장 문제 해결 여부 확인 | 문제 해결 여부 확인서 서명 및 보관 |

**사장님:** 본부가 피드백을 받고 얼마나 신속하게 움직이는지가 관건이겠군요.

**가맹거래사:** 맞습니다. 초기 가맹점의 데이터를 회의 안건화해 시스템 개선에 반영하는 브랜드가 오래 갑니다. 단순히 상권 문제로 돌리지 말고, 매장 운영 데이터를 근거로 대응해야 신뢰를 얻습니다.

**실무 Point**

**오픈 피드백 매뉴얼 항목**

– 고객 클레임 유형 정리
– POS 및 재고 시스템 오류 보고
– 조리시간 리드타임 분석
– 시간대별 매출 및 고객수 집계
– 직원 피로도 및 휴게 시간 실태

많은 브랜드가 '성공적인 오픈'만을 강조하지만, 진짜 성패는 오픈 후 일주일의 리스크 대응에서 갈립니다. 이 시기 가맹점사업자의 신뢰를 얻지 못하면 분쟁은 피할 수 없습니다. 확립된 시스템에 기반한 오픈 후 피드백은 단순 관리에 그치는 것이 아니라, 신뢰 구축의 첫걸음입니다.

## 5-4 프랜차이즈의 꽃은 슈퍼바이저입니다

**사장님:** 오픈 초기에는 예상보다 인건비나 원가율이 높게 나오는 경우가 많더군요. 문제 해결을 위해선 슈퍼바이저의 역할이 정말 중요해 보입니다.

**가맹거래사:** 맞습니다. 가맹본부 시스템이 현장에서 작동되고 있는지 주기적으로 확인하고, 개선 조언을 제공하는 것이 슈퍼바이저의 핵심 역할입니다.

**사장님:** 그런데 슈퍼바이저마다 스타일이 다르고, 어떤 직원은 점검만 하고 끝나는 경우도 있어서 고민입니다.

**가맹거래사:** 좋은 슈퍼바이저는 단순 점검자가 아닙니다. 데이터를 분석하고, 가맹점사업자와 소통하며 함께 해결방안을 도출하는 실전 코치여야 합니다.

■ 슈퍼바이저의 핵심 역할

| 역할 | 설명 |
|---|---|
| 운영 점검 | 위생, 서비스, 메뉴 품질 등 표준 운영 매뉴얼 이행 여부 점검 |
| 매출 분석 | 일 매출/고객 수/재방문율 분석 후 개선 포인트 도출 |
| 교육 | 신입직원 교육, 고객 응대 트레이닝, 조리법 표준화 교육 |
| 커뮤니케이션 | 점주 애로사항 청취 및 본사 보고 / 제도 개선 피드백 전달 |

**사장님:** 슈퍼바이저가 자주 방문하는게 좋은 건가요? 너무 자주 방문하면 오히려 부담을 줄 수도 있지 않을까요?

**가맹거래사:** 방문 빈도보다는 '방문 시 무엇을 하느냐'가 더 중요합니다. 단순한 지적이 아닌, 진단과 해결 중심으로 움직여야 합니다.

실무 Point

**슈퍼바이저 방문 원칙**
- 첫 3개월간은 매월 2회 이상 방문 권장
- 방문 시 매출 리포트 및 점검 보고서 공유
- 개선 중심 접근 → '같이 해결하는 방식' 강조

프랜차이즈 시스템의 품질은 슈퍼바이저에게서 드러납니다. 브랜드가 '관리'를 넘어 '성장을 돕는 파트너'로 인식되려면, 슈퍼바이저는 단순한 관리자에서 실질적 코치로 진화해야 합니다.

## 5-5 분쟁 예방의 기술, 브랜드를 지키는 실무 전략

**사장님:** 매장 운영은 이제 안정됐는데, 점주님들이 가끔 '이건 계약 내용과 다르다'고 하시더라고요. 사소한 것 같아도 신경이 쓰입니다.

**가맹거래사:** 아무리 충분히 설명을 해도 어쩔 수 없는 부분이 있습니다. 가맹계약서와 정보공개서, 그리고 실제 운영 사이에 '갭'이 생기면 분쟁으로 이어질 수 있는데요, 이 격차를 줄이는 게 브랜드 유지의 핵심입니다.

**사장님:** 그럼 어떤 부분을 특히 신경 써야 할까요?

**가맹거래사:** 우선 '경청'하고 문제가 무엇인지 확인하는 것입니다. 가맹점사업자가 계약과 다르다고 하지만, 자세한 이야기를 들어보면 계약서의 문제가 아니고, 소통 과정에서의 오해일 가능성도 있습니다. 따라서 가맹점사업자의 실제 '니즈'가 무엇인지 파악하는 것이 가장 먼저 하셔야 할 사항입니다.

만약, 확인 결과 가맹점사업자분께서 계약서 내용을 오해한 것이라면 관련 내용을 충분히 설명해주시면 됩니다. 그러나, 이와 달리 가맹본부 측에서 계약을 위반한 사항이 있다면, 가맹점사업자에게 해당 위반을 즉시 시정하고 향후 재발 방지를 약속한 후 관련 담당자를 통해 계약 위반이 발생한 원인을 밝혀 재발을 방지할 수 있도록 시스템을 보완하여야 합니다. 계약 위반은 가맹본부의 잘못이지만, 이를 신속하게 확인하고 사과하며 시정하는 모습을 보여준다면, 계약 위반이 오히려 가맹본부와 가맹점사업자 사이의 신뢰를 제고하는 기회가 될 수 있습니다.

물론, 가맹점사업자로부터 '계약과 다르지 않냐'는 이야기가 나오지 않도록, 사전에 가맹본부의 입장을 충분히 설명하는 것이 가장 좋습니다. 특히, 필수품목의 공급가격 인상, 영업지역 내 신규 출점 등의 경우 사전에 가맹점과 협상하거나 합의하는 것이 법상 강제되고 있으므로 가맹점사업자와의 사전 협의는 필수입니다. 예상 매출액 및 수익률이 설명과 다르다는 의견이 있을 경우에는, 이전에 제시했던 서면상의 정보들에 대하여 재차 설명드림으로써 가맹본부와 가맹점사업자 사이의 시각차를 최대한 좁히는 것이 중요합니다.

**실무 Point**

**브랜드 유지 관리 전략**

- 운영 매뉴얼 정기 업데이트: 현실 운영과 매뉴얼 간 괴리 방지
- 슈퍼바이저 피드백 정리: 점주 불만사항은 누적하지 않고 시스템화
- 분쟁 발생 시 대응 매뉴얼 마련: 조기 중재 · 외부기관 자문 루트 확보
- 브랜드 평판 관리 시스템: 리뷰, 커뮤니티 모니터링 전담체계 구축

**사장님:** 결국 가맹사업을 성장시키는 건 '지속적인 관리'네요.

**가맹거래사:** 맞습니다. 가맹사업이란 **결국 브랜드를 만드는 것이고, 약속이 계속 지켜져야 브랜드가 됩니다.** 분쟁이 생겨도 흔들리지 않는 시스템을 만들어야 합니다. 원칙과 철학이 명확하면 분쟁이 있어도 흔들릴 일이 없습니다.

---

가맹사업은 '관계'의 산업입니다. 가맹점사업자와의 관계를 '불만 관리'가 아닌 '신뢰 유지'로 전환할 때, 브랜드는 지속가능한 구조로 전환됩니다. 결국 가장 강력한 브랜드는 소비자는 물론 가맹점사업자로부터 신뢰받는 브랜드입니다.

PART 06

# 가맹사업의 확장과 갈등: 본사-점주 간 갈등 상황과 해결방안

## 6-1 점주가 본부 승인 없이 필수품목을 외부에서 구입하는 것 같습니다. 어떻게 해야 하나요?

**사장님:** 민가맹 점주가 저희 본부 승인 없이 햄버거 패티를 다른 업체에서 구매하고 있는 것 같아요. 패티는 '상생버거'의 맛과 품질의 핵심인데, 이대로 두면 브랜드 정체성이 사라질까 봐 걱정입니다.

**가맹거래사:** 가맹점사업자가 필수품목을 가맹본부 승인 없이 외부에서 매입하는 '자점매입' 내지 '사입'은 대부분의 가맹계약서에서 금지되어 있습니다. 다만, 가맹본부의 귀책 사유(예: 물품 공급 중단)가 있을 때 예외적으로 허용될 수 있습니다. 혹시 민가맹 점주님과 이전에 어떤 갈등이 있었을까요?

**사장님:** 민가맹 점주님은 정말 말이 안 통하는 분입니다. 매출이 떨어진다고 수시로 연락하는데, 제가 보기엔 위생 관리도 안 하고 불친절해서 그런 겁니다. 본부는 절차를 모두 지켜서 진행하고 있고요. 점주님 매장 관리를 돕다가, 저희가 지정하지 않은 업체의 햄버거 패티 박스를 발견하고 추궁했더니 패티를 외부에서 구매한 사실을 인정하더라구요.

**가맹거래사:** 그렇다면 민가맹 점주님의 사입은 '자점매입 금지 의무 위반'으로 문제가 될 수 있습니다. **우선, 사진 등 사입 사실을 입증할 수 있는 근거 자료를 분명히 남기셔야 합니다.** 분쟁 발생 시 가맹본부 측에서 **입증할 사항이기 때문**입니다. 이러한 상황에 대비하시고, 그 이후에는 내용증명을 발송하여 시정을 먼저 요구하시는 것이 좋습니다.

***"자점매입 발견 발견 시, 근거 자료를 분명히 남기시고, 내용증명을 발송하세요."***

**사장님:** 그날 외부에서 구매한 패티 박스와 냉동실에 있는 패티까지 사진으로 찍어두기는 했습니다. 이후에 본부로 와서 전산을 보니 매출액에 비해 패티 구매량이 현저히 적기는 하더라구요.

그런데, 꼭 그렇게까지 복잡한 절차를 거쳐야 하나요? 당장이라도 찾아가서 그만 하라고 하고 싶습니다. 그런 햄버거를 먹은 고객들은 '상생버거'가 원래 그런 맛이라고 생각할 것 아닙니까?

**가맹거래사:** 자점매입이 분명한 계약 위반 행위인 것은 맞지만, 가맹사업법은 가맹본부가 계약을 **해지하려는 경우 가맹점사업자에게 2개월 이상의 유예기간을 두고 계약 위반 사실을 구체적으로 밝힌 뒤 이를 시정하지 않을 때 계약을 해지한다는 사실을 서면으로 2회 이상 통지하도록** 하고 있습니다. 이러한 절차를 지키지 않을 경우 오히려 '무단 해지'로 해지가 무효로 되고 가맹본부가 법적 책임을 지게 될 수 있기 때문에, 번거로우시더라도 가맹사업법이 정한 절차를 반드시 따르셔야 합니다.

**사장님:** 2개월이나 기다려야 한다니 정말 답답하지만, 알겠습니다. 당장 증거자료를 모아서 내용증명을 보내겠습니다.

**가맹거래사:** 증거자료 수집하셔서 저에게 주시면 제가 내용증명 초안 작성해서 드릴게요.

**사장님:** 감사합니다!

---

1. 가맹본부가 물품공급을 제대로 이행하지 않는 등 **가맹본부의 귀책이 있는 경우 가맹점사업자의 자점매입에 합리적 사유가 있다**고 판단될 수 있습니다.
   법원은 **'가맹본부가 일방적으로 물품공급을 중단한 기간동안** 가맹점사업자의 자점매입이 **정당**하다'고 판단한 반면, '가맹본부의 물품공급 중단 행위가 **시정된 이후** 가맹점사업자의 자점매입행위는 **부당**하다'고 판단했습니다(수원지방법원 성남지원 2025. 1. 17. 선고 2023가합405108, 2024가합204050 판결 참조).
2. 가맹본부가 자점매입 사실을 알고도 방치할 경우 '묵시적 승인'으로 해

석될 여지가 있습니다.

법원은 '**가맹본부가 가맹점사업자의 자점매입을 묵시적으로 승인할 경우 가맹점사업자가 자점매입금지의무를 위반하였다고 볼 수 없다**'고 판단했습니다(대구지방법원 2024. 7. 18. 선고 2023나317654 판결 참조). 따라서 자점매입을 확인하였다면 즉각 해당 가맹점사업자에게 시정을 요구하여야 합니다.

3. 가맹본부가 가맹계약을 해지하고자 할 때에는, 반드시 **강행규정인 가맹사업법 제14조 제1항**이 정하는 **엄격한 해지 절차를 준수**해야 합니다. 설령 가맹점사업자가 '자점매입(본부 공급 물품을 사용하지 않고 외부에서 임의로 구입하는 행위)'과 같이 계약 위반에 해당하는 행위를 하였다고 하더라도, 가맹본부가 이 법정 절차를 거치지 않고 일방적으로 가맹계약을 해지한다면 그 **해지는 법적으로 효력이 없다는 점**을 결코 잊지 마시기 바랍니다.

**관련 법 조항**

**〈가맹사업법〉**

**제14조(가맹계약해지의 제한)** ① 가맹본부는 가맹계약을 해지하려는 경우에는 가맹점사업자에게 **2개월 이상**의 유예기간을 두고 계약의 **위반 사실을 구체적**으로 밝히고 이를 시정하지 아니하면 그 계약을 해지한다는 사실을 **서면**으로 **2회 이상** 통지하여야 한다. 다만, 가맹사업의 거래를 지속하기 어려운 경우로서 대통령령이 정하는 경우에는 그러하지 아니하다.

② 제1항의 규정에 의한 **절차를 거치지 아니한 가맹계약의 해지는 그 효력이 없다.**

## 6-2 1년도 안 된 점주가 갑자기 폐점을 하고 가맹금을 돌려달라고 합니다

**사장님:** 민가맹 점주가 갑자기 내용증명을 보내왔습니다. '가맹본부가 계약을 여러 차례 위반했으니 계약을 해지할 것이고, 가맹금을 전부 반환하라'는 내용입니다. 민가맹 점주를 배려해서 무상지원도 해주었는데, 이제와서

어떻게든 이유를 만들어서 가맹금을 반환받으려고 하는 것 같아 정말 괘씸하네요.

**가맹거래사:** 그런 일들이 비일비재하죠. 가맹점사업자가 일방적으로 계약 해지를 주장하며 가맹금 반환을 요구하는 상황이군요. 가맹본부 측에서 민가맹 점주가 주장하는 내용과 같이 정말 계약을 위반한 사실이 있나요?

**사장님:** 그것도 억지에요. 매출이 안 나오니, 가맹본부 측에서 제공했던 예상 매출에 관한 정보가 글쎄 허위과장 정보라는 겁니다.

**가맹거래사:** 예상 매출에 관한 정보가 객관적인 근거에 기초해야 한다는 점은 제가 첫 설명회 전부터 신신당부드렸던 터라 그 부분은 문제없이 잘 하셨으리라 생각되는데요, 예전에 말씀드린 것처럼 단순히 실제 매출액과 다시 제공된 예상 매출액이 다르다는 사실만으로 곧바로 허위 · 과장 정보제공행위라고 보기는 어렵습니다. **가맹사업법은 예상 매출액이 '예상'일 뿐 '보장'이 아님을 명시하도록 하고 있거든요.**

**사장님:** 당연히 저희는 실제 자료를 기초로 예상 매출액을 산정해서 민가맹씨에게 설명드렸습니다. 다 근거가 있어요. 지난 번에 보여드리며 검토를 요청드렸던 그 자료 그대로입니다. 민가맹 점주가 장사를 제대로 못 해서 매출이 떨어진 건데, 가맹본부 귀책으로 돌리는 게 정말 괘씸하네요. 저희는 정말 교육부터 지원까지 최선을 다했습니다.

**가맹거래사:** 그렇다면 본부 측의 귀책 사유는 크지 않다고 판단됩니다. 이럴 때 가장 먼저 확인하셔야 할 것이 바로 **정보공개서 사전제공의무 위반은 없으신지** 여부입니다. 그리고 민가맹 점주님이 **계약체결일로부터 4개월 이내에 가맹금 반환 내용증명을 발송했는지**도 확인 가능하신가요? 이 두 가지 요건이 충족되면 가맹사업법 제10조에 따른 가맹금 반환 요구가 가능해지기 때문에 확인이 필요합니다.

**사장님:** 당연히 정보공개서 사전제공의무도 위반하지 않았습니다. 민가맹

점주님과 계약체결한 지 채 4개월이 안 되었으니 계약체결일로부터 4개월 이내에 가맹금 반환을 요구한 것이 되겠네요.

**가맹거래사:** 그렇다면 시기상으로는 가맹사업법 제10조 제1항에 따라 가맹점사업자가 가맹금 반환 요구를 할 수 있습니다. 하지만 그 경우에도 가맹본부의 '허위 · 과장 정보제공행위가 계약체결에 중대한 영향을 준 것으로 인정'되어야만 가맹금 반환이 가능한데, 이 부분은 법원에서 매우 엄격하게 판단하고 있으니 너무 걱정하지 않으셔도 좋습니다. 본부에서 객관적인 자료를 바탕으로 예상 매출액을 산정하고 투명하게 제공했다면, 점주님의 일방적인 주장은 받아들여지기 어려울 것입니다.

**사장님:** 그러면 저희도 내용증명을 한번 보낼까요?

**가맹거래사:** 네, 그러시죠. 제가 도와드리겠습니다. 가맹점사업자 측의 주장에 대해 가맹본부의 입장을 명확히 전달하고, 합의를 통해 사건을 마무리하는 것도 좋은 방법입니다. 사실 민가맹 점주는 가맹본부와 어떻게든 상황을 빨리 마무리하고 정리하고 싶은 마음이 클 수도 있습니다. 소송으로 가는 것보다는 원만하게 합의하는 것이 양측 모두에게 이득이 될 수 있습니다.

---

1. 가맹사업법 제10조 제1항에 따라 가맹점사업자는 가맹금 반환을 요구할 수 있는 기간이 정해져 있습니다. 따라서 **가맹본부는 가맹점사업자의 반환 요구에 대응하기 전에, 해당 요구가 법에서 정한 기간 내에 이루어졌는지 먼저 확인**해야 합니다.

**관련 법 조항**

**〈가맹사업법〉**

**제10조(가맹금의 반환)** ① 가맹본부는 다음 각 호의 어느 하나에 해당하는 경우에는 가맹희망자나 가맹점사업자가 대통령령으로 정하는 사항이 적힌 서면으로 요구하는 날부터 1개월 이내에 가맹금을 반환하여야 한다.〈개정 2007. 8. 3., 2013. 8. 13.〉

> 1. 가맹본부가 제7조제3항을 위반한 경우로서 가맹희망자 또는 가맹점사업자가 가맹계약체결 전 또는 가맹계약의 체결일부터 4개월 이내에 가맹금의 반환을 요구하는 경우
> 2. 가맹본부가 제9조제1항을 위반한 경우로서 가맹희망자가 가맹계약체결 전에 가맹금의 반환을 요구하는 경우
> 3. 가맹본부가 제9조제1항을 위반한 경우로서 허위 또는 과장된 정보나 중요사항의 누락된 내용이 계약체결에 중대한 영향을 준 것으로 인정되어 가맹점사업자가 가맹계약의 체결일부터 4개월 이내에 가맹금의 반환을 요구하는 경우
> 4. 가맹본부가 정당한 사유 없이 가맹사업을 일방적으로 중단하고 가맹점사업자가 대통령령으로 정하는 가맹사업의 중단일부터 4개월 이내에 가맹금의 반환을 요구하는 경우

2. 가맹점사업자가 계약체결 후 가맹본부의 가맹사업법 제9조 제1항(허위 · 과장 또는 기만적 정보제공) 위반을 이유로 가맹금 반환을 요구하는 경우, 해당 위반이 **허위 또는 과장된 정보 제공이나 중요 사항 누락으로 인해 계약체결에 중대한 영향을 미쳤음이 인정**되어야 합니다. 이 점은 가맹본부의 방어에 있어 핵심적인 부분이므로, 대응에 앞서 반드시 검토하시기 바랍니다.
3. 가맹사업법 제10조 제1항에 따라 가맹금을 반환할 때, 가맹본부가 반환해야 할 가맹금의 금액은, **가맹계약의 체결 경위, 지급된 금전이나 그 밖의 대가 성격, 가맹계약 기간, 실제 계약이 이행된 기간, 그리고 가맹본부와 가맹점사업자 양측의 귀책 정도 등 여러 요소를 종합적으로 고려**하여 결정합니다(가맹사업법 제10조 제2항). 따라서 가맹점사업자가 가맹금 반환을 요구했다고 해서 무조건 가맹본부가 받은 '가맹금 전액'을 돌려주어야 하는 것은 아닙니다. **반환해야 할 가맹금의 범위에 대해서도 본부의 정당한 입장을 적극적으로 주장하고 다투어 볼 필요**가 있습니다.

## 6-3 본부가 점주의 배달지역을 정해줘도 되나요?

**사장님:** 거래사님. 새로운 이슈가 생겼습니다. 최근 배달이 늘어나면서, 가맹점들이 서로 배달지역을 정해달라고 하는데, 본부가 나서서 이를 정해줘야 하나요? 전가맹씨가 자기 영업지역 주문인데, 다른 지점이 배달했다고 문제제기를 하면서 가맹본부가 나서서 정리를 해달라고 합니다.

**가맹거래사:** 결론부터 말씀드리면, **가맹본부가 특정 가맹점이 배달할 수 있는 지역을 정해주는 것은 가맹사업법에 따라 금지**됩니다. 따라서 김 사장님께서 나서서 가맹점들 간 배달지역을 정해주시면 안 됩니다.

**사장님:** 정보공개서나 계약서에 영업지역을 정해주는데, 배달지역도 이 영업지역 내에서 하라는 의미가 아닌가요?

**가맹거래사:** 가맹사업법이 정보공개서나 계약서에 기재하라고 한 **영업지역**은, 가맹본부의 직영점이나 신규 가맹점의 **신규 출점이 제한되는 구역**이지, 해당 가맹점주가 영업활동을 할 지역을 정해준 것이 아닙니다. 사장님께서 가맹점사업자들에게 영업지역과 배달지역이 구분되고 배달지역을 설정하는 것은 가맹사업법 위반에 해당한다는 점을 잘 설명해주셔야 할 것 같습니다.

---

정보공개서 및 가맹계약서에 기재된 영업지역은, 그 지역 내에 가맹본부가 신규 가맹점 또는 직영점을 설치할 수 없다는 의미입니다. 이와 별개로, 가맹본부는 가맹점주들 간 배달은 물론, 판촉활동을 포함하는 영업지역을 정해주는 것도 금지됩니다. 다만, 가맹점사업자에게 영업지역을 정해 그 위반 시 채무불이행 책임을 부과하는 등으로 그 준수를 강제하는 것이 아니라, 단순히 '판매책임지역', '영업거점지역'을 정하거나, 자기 영업지역에서 판매책임을 다한 경우 또는 다른 영업지역의 가맹점사업자에게 일정한

보상을 주는 경우에 한하여 타 영업지역에서 판매할 수 있다고 정하는 것은 가능합니다(아래 그림 및 관련 조항 참조).

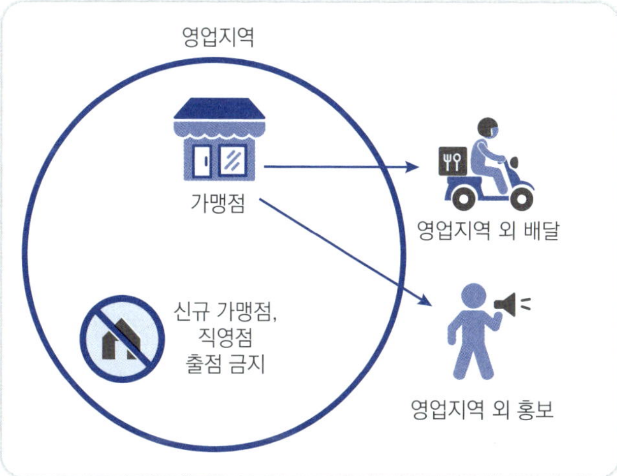


**관련 법 조항**

**〈가맹사업법 시행령〉 [별표 2]**

2. 구속조건부 거래

라. 영업지역의 준수강제

부당하게 가맹점사업자에게 영업지역을 준수하도록 조건을 붙이거나 이를 강제하는 행위. 다만, 다음 각 호의 어느 하나에 해당하는 행위는 그러하지 아니하다.

(1) 가맹본부가 가맹점사업자의 영업거점지역을 정하는 행위

(2) 가맹점사업자가 자기의 영업지역에서의 판매책임을 다한 경우에 영업지역 외의 다른 지역에서 판매할 수 있도록 하는 행위

(3) 가맹점사업자가 자기의 영업지역 외의 다른 지역에서 판매하고자 하는 경우 그 지역의 가맹점사업자에게 광고선전비 등 판촉비용에 상당하는 일정한 보상금을 지급하도록 하는 행위

가맹본부가 배달지역을 제한함(가맹사업법에서 금지하는 구속조건부 거래에 해당)으로 인해 손해를 입은 가맹점사업자가 주장할 수 있는 손해의 범위는 어디까지일까요?

법원의 판단은 다음과 같습니다(서울북부지방법원 2022. 8. 25. 선고 2020가합 26168 판결).

- **인정된 손해(통상손해):** 가맹점사업자가 배달지역을 제한하기 전까지, 그 제한된 지역에서 배달을 통해 얻었던 '영업이익'은 가맹본부의 정책 변경으로 인해 직접적으로 발생한 손해로 보아 인정되었습니다. 이는 계약 위반으로 인해 일반적으로 예상할 수 있는 손해에 해당합니다.
- **인정되지 않는 손해(특별손해):** 하지만, 배달지역 제한 때문에 가맹점사업자가 맺었던 **광고나 판촉 계약이 해지되면서 발생한 '위약금'이나 관련 비용**은 손해로 인정되지 않았습니다. 법원은 이러한 손해는 일반적인 상황에서는 예상하기 어려운 '특별한 손해'라고 보았기 때문입니다. 특히, 가맹본부가 해당 광고나 판촉 계약이 해지될 것이라는 사정을 '알았거나 알 수 있었을 때'에만 이러한 특별한 손해에 대해 책임을 져야 하는데, 이 사례에서는 가맹본부가 그러한 사실을 알았거나 알 수 있었다고 보기 어렵다고 판단했습니다.

**핵심 정리**

✔ 계약서상 영업지역은 '가맹본부'의 신규 출점을 제한하는 것

✔ 가맹본부가 가맹점사업자들의 영업지역을 강제하는 것은 위법!

✔ 가맹점사업자들 간 영업지역을 할당하는 것도 위법!

## 6-4 모바일 상품권 발행 수수료, 할인쿠폰, 광고비용 등을 점주들과 분담할 수 있나요?

**사장님:** 거래사님. 안녕하세요? 저희 가맹점도 제법 늘어나고, 광고도 꾸준히 해서 그런지, 사람들 사이에서 우리 햄버거 브랜드에 대한 인지도가 제법 올라간 것 같아요. 이 참에 모바일 상품권을 발급해서 매출을 더 올려볼까 하는데, 어떤 점을 챙겨야 할까요?

**가맹거래사:** 매출 성장을 위해 모바일 상품권을 발행하는 것은 판촉활동으로 볼 수 있는데, 가맹본부가 모바일 상품권의 발급비용, 즉 판촉비용을 모두 부담한다면 별도로 거쳐야 하는 절차는 없습니다.

**문제는 가맹점사업자와 그 비용을 분담하는 경우**인데요, 이를 위해서는 가맹계약과 별도의 판촉계약을 체결하거나, 전체 가맹점사업자의 70% 이상의 동의를 받으면 전체 가맹점사업자들의 비용분담을 전제로 한 판촉행사를 진행할 수 있고, 광고의 경우에는 전체 가맹점사업자의 50% 동의를 받으시면 됩니다. 다만, 판촉행사의 경우 판촉비용 분담에 동의한 가맹점사업자만을 대상으로 판촉행사를 실시할 수도 있습니다.

**사장님:** 할인쿠폰을 발급하거나 할인행사를 하는 경우도 마찬가지인가요?

**가맹거래사:** 네, 하시려는 것이 판매를 촉진하기 위한 것이고 그 부담을 가맹점사업와 분담하시려면 앞서 말씀드린 절차를 거쳐야 합니다.
한 가지 더! 판촉행사를 한 이후에도 가맹본부가 지켜야 할 절차가 있습니다. 판촉행사의 집행내역은 전 가맹점사업자를 대상으로 반드시 통보하셔야 하구요, 가맹점사업자가 요구할 경우 열람할 수 있도록 준비하셔야 합니다.

최근 개정된 가맹사업법에 따르면, 점주와 가맹계약서와 별도의 계약으로 판촉행사 약정을 체결하고 시행하거나, 서면, 이메일, POS 등을 통해 전체 가맹점사업자 중 70% 이상의 동의를 받는 경우에는 전체 가맹점사업자를 대상으로 판촉 행사를 진행하고 판촉 비용을 분담할 수 있습니다. 또한, 판촉행위는 판촉행사 비용 분담에 동의한 업주에 대해서만 개별적으로 시행할 수도 있습니다.

한편, 판촉행사 비용 분담과 관련하여 가맹본부가 주의해야 할 점이 또 있습니다.

- **판촉을 통한 가격 구속:** 가맹계약서에 판촉 비용 분담에 대한 내용이 명시되어 있고 가맹점사업자의 동의를 받았다 하더라도, 만약 그 판촉 행사가 '일정 구역 내 배달비를 0원으로 하라'는 등 **사실상 소비자가격을 강제로 정하게 되는 결과**를 초래한다면, 이는 가맹사업법상 불공정거래행위인 '구속조건부 거래 중 가격의 구속' 또는 '부당한 계약조항의 설정'에 해당할 수 있으니 주의해야 합니다(수원지방법원 2024. 12. 5. 선고 2023가단568009, 2023가단579917 판결).
- **불명확한 비용 분담 기준과 형식적인 동의:** 또한, 가맹계약서에 '전국적인 판촉행사 시 비용은 **가맹본부가 정하는 대로** 가맹점사업자와 **분담한다'는 식으로만 정해져 있고**, 판촉행사의 구체적인 비용 분담 기준이나 가맹점사업자들의 자율적인 참가 여부에 대해 **미리 알리거나 실질적인 동의 절차를 거치지 않은 경우**에도 법적 문제가 발생할 수 있습니다. 이러한 행위는 가맹사업법상 '거래상 지위 남용 행위 중 부당한 강요'에 해당할 수 있으므로, 가맹본부는 판촉 비용 분담에 있어 가맹점사업자들과의 투명하고 실질적인 소통을 반드시 거쳐야 합니다(서울중앙지방법원 2014. 7. 10. 선고 2014가합982 판결, 소비자가격 인상에 따른 반발 우려로 대대적인 판촉행사를 실시하면서, 우산, 배드민턴, 비누, 돗자리, 어린이 손목시계, 초콜릿, 무릎담요 등의 판촉물 구매비용을 가맹점사업자에게 부담시킨 사례).

### 관련 법조항

**〈가맹사업법〉**

**제12조의6(광고 · 판촉행사의 실시 및 집행 내역 통보)** ① 가맹본부는 가맹점사업자가 비용의 전부 또는 일부를 부담하는 광고나 판촉행사를 실시하려는 경우(가맹본부 및 가맹점사업자가 대통령령으로 정하는 바에 따라 체결한 광고 · 판촉행사의 약정에 따라 실시하는 경우는 제외한다) 그 비용 부담에 관하여 전체 가맹점사업자 중 대통령령으로 정하는 비율 이상의 가맹점사업자의 동의를 받아야 한다. 다만, 판촉행사의 경우에는 해당 판촉행사의 비용 부담에 동의한 가맹점사업자만을 대상으로 하여 이를 실시할 수 있다.

② 가맹본부는 가맹점사업자가 비용의 전부 또는 일부를 부담하는 광고나 판촉행사를 실시한 경우 그 집행 내역을 가맹점사업자에게 통보하고 가맹점사업자의 요구가 있는 경우 이를 열람할 수 있도록 하여야 한다.

③ 제1항에 따른 가맹점사업자의 동의 및 제2항에 따른 집행 내역 통보 · 열람의 방법과 절차 등에 관하여 필요한 사항은 대통령령으로 정한다.

**〈가맹사업법 시행령〉**

**제13조의5(광고 · 판촉행사의 실시 등)** ① 가맹본부는 법 제12조의6제1항에 따라 광고 · 판촉행사의 약정을 체결하지 않고 가맹점사업자가 비용의 전부 또는 일부를 부담하는 광고나 판촉행사를 실시하려는 경우에는 문서, 내용증명우편, 전자우편, 인터넷 홈페이지, 애플리케이션 또는 판매시점 관리 시스템(POS) 등을 통해 동의 시점을 객관적으로 확인할 수 있는 방법으로 가맹점사업자의 동의를 받아야 한다. 〈개정 2023. 11. 16.〉

② 법 제12조의6제1항 본문에서 "대통령령으로 정하는 비율"이란 다음 각 호의 구분에 따른 비율을 말한다.

**1. 광고의 경우: 100분의 50**

**2. 판촉행사의 경우: 100분의 70**

③ 가맹본부 및 가맹점사업자가 법 제12조의6제1항 본문에 따른 광고 · 판촉행사의 약정을 체결하려는 경우에는 가맹계약과 별도로 체결해야 한다.

④ 제3항에 따라 체결하는 광고 · 판촉행사의 약정에는 다음 각 호의 사항이 모두 포함돼야 한다.

1. 광고나 판촉행사의 명칭 및 실시기간

2. 광고나 판촉행사의 소요 비용에 대한 가맹점사업자의 분담 비율 및 분담 한도

**제13조의6(광고 · 판촉행사 관련 집행 내역 통보 절차 등)** ① 가맹본부는 법 제12조의6제2항에 따라 매 사업연도 종료 후 3개월 이내에 가맹점사업자에게 다음 각 호의 사항을 통보해야 한다. 〈개정 2022. 6. 7.〉

1. 해당 사업연도에 실시한 광고나 판촉행사(해당 사업연도에 일부라도 비용이 집행된 경우를 포함한다. 이하 같다)별 명칭, 내용 및 실시기간
2. 해당 사업연도에 광고나 판촉행사를 위하여 전체 가맹점사업자로부터 지급받은 금액
3. 해당 사업연도에 실시한 광고나 판촉행사별로 집행한 비용 및 가맹점사업자가 부담한 총액

② 가맹본부가 가맹점사업자에게 제1항에 따른 통보를 하는 경우에는 제6조제1항 각 호의 어느 하나에 해당하는 방법을 준용한다. 다만, 제6조제1항제3호 후단은 준용하지 아니한다.

③ 가맹본부는 법 제12조의6제2항에 따라 가맹점사업자가 집행 내역의 열람을 요구하는 경우 열람의 일시 및 장소를 정하여 해당 자료를 열람할 수 있도록 해야 한다.

## 6-5 점주가 판매한 음식 때문에 손님들이 식중독에 걸렸습니다. 가맹본부도 책임을 져야 하나요?

**사장님:** 가맹거래사님, 사탄점에서 판매한 음식을 먹은 손님이 식중독에 걸렸다고 하네요… 일단 가맹거래사님이 지난 번 적어주신 클레임 매뉴얼에 따라, 본부의 입장에서 죄송하다고 말씀드리고 본부에서도 조사 후 적절한 조치를 취하겠다고 했습니다. 이전부터 위생이나 재고 관리에 문제가 있어서 지적을 하고 벌점도 준 점주인데요, 결국 사고를 쳤네요.
제가 보기에는 가맹점주의 잘못인 것 같은데, 혹시 본부가 책임질 일은 없을까요?

**가맹거래사:** 만약, 식중독의 원인이 가맹본부가 공급한 자재에 있다는 등 가맹본부의 잘못으로 식중독이 일어났다는 점이 밝혀진다면 가맹본부가

식품위생법상 제재를 받을 수도 있고, 이와 별개로 가맹점사업자가 제재를 받은 경우 그로 인한 휴업손해를 배상해주어야 합니다. 반대로 식중독의 원인이 가맹점사업자의 식자재 보관 내지 조리상의 잘못으로 인한 것이라면 가맹본부가 별도로 책임을 질 부분은 없습니다.

가맹본부의 책임이 없는 경우라 하더라도, 식중독 사고 자체는 가맹본부의 브랜드 이미지에 타격을 줄 수 있습니다. 따라서 가맹본부가 사전에 가맹점사업자의 양해를 구해 해당 소비자에게 적절한 보상조치를 하는 방안도 생각해볼 수 있습니다. 이 경우 가맹본부가 지급한 보상금에 대해서는 가맹점사업자를 상대로 구상청구가 가능합니다.

무엇보다도, 본부의 철저한 위생관리와 가맹점사업자 관리를 통해 그와 같은 사고를 예방하는 것이 최선입니다.

**사장님:** 네, 이번 사건을 계기로 가맹본부의 위생 및 점주 관리에 빈틈은 없는지 체크해봐야겠어요.

---

**가맹본부가 식품표시사항이 표시되지 않은 재료 공급으로 인해 가맹점사업자가 영업정지처분을 받은 경우 그 기간 동안의 휴업손해에 대하여 배상할 책임**이 있습니다(부산지방법원 2025. 4. 2. 선고 2024가단347810 판결). 나아가 가맹본부가 공급한 식자재에 하자가 있고 그로 인해 가맹점사업자가 손님에게 손해를 배상하거나 식품위생법상 제재를 받은 경우, 가맹본부는 해당 가맹점사업자가 입은 손해를 배상할 책임이 있습니다. 나아가 이러한 가맹본부의 잘못은 가맹계약상 계약해지의 원인이 될 수도 있습니다.

## 6-6 필수품목의 종류나 공급가격을 변경하고 싶은데, 어떻게 해야 하나요?

**사장님:** 거래사님. 또 찾아뵙습니다. 이번에 패티에 들어가는 고기 값이 올라서 패티 공급가격을 인상하고 싶은데, 어떤 절차를 거쳐야 하는지 궁금해서요.

**가맹거래사:** 패티는 가맹점사업자가 가맹본부로부터 구매해야 하는 필수품목이므로, 계약서에 공급가격 산정방식 등을 잘 기재해두셨을 것입니다. 공급가격 인상은 가맹점사업자에게 불리한 변경에 해당하므로 최근 가맹사업법에 따라 가맹점사업자와의 협상절차를 거쳐야 하는데요, 그 절차는 다음과 같습니다.

**협의 사유 발생**

- 공급가격 산정방식, 운송비 등 부대비용 추가 부담 등 점주에게 불리하게 변경
- 품질 하락

**협의 10일 전 통지**

- 변경 예정인 거래조건의 구체적인 내역, 변경 사유와 근거, 협의 방식과 장소 등 협의에 필요한 사항 기재
- 문서, 내용증명우편, 전자우편, 인터넷 홈페이지, 모바일 애플리케이션, POS 등 활용 가능

**협의 진행**

- 협의는 대면, 비대면 가능
- 비대면은 10일간 의견제출 기회 부여
- 사전협의 원칙. 단, 영업비밀 유출 우려 시 사후 협의 가능
- 70% 동의 시 단체 협상 가능

**협의 종료 후 통지**

### 필수품목 변동가격 설정과 협의 의무의 이해

2024년 6월 4일 개정되어 2024년 12월 5일부터 시행되는 가맹사업법 시행령은 필수품목(또는 구입강제 품목) 관련 거래조건이 가맹점사업자에게 불리하게 변경 시 가맹본부와 가맹점사업자 간의 협의 절차를 의무화했습니다. 이는 가맹점사업자의 예측 가능성을 높이고 가맹본부의 일방적인 가격 변경으로부터 가맹점사업자를 보호하기 위한 중요한 변화입니다.

하지만 위 제도의 도입 후, 가맹본부 측에서는 '공급가격이 수시로 변동하는 공급원가에 연동하여 변경되는 방식으로 정하는 경우에도 변경 시마다 개별 협의를 거쳐야 하는지'에 대한 문의가 있었습니다. 이에 대해 공정위는 다음과 같이 해석하고 있습니다.

**변동가격 설정 시 협의 의무가 없는 경우:** 「구입강제품목 거래조건 변경 협의에 대한 고시」 II. 1. 나.에 따르면, **가맹계약서에 공급가격 산정방식이 구체적으로 기재되어 있고 해당 산정방식에 따라 가격이 자동으로 인상되는 경우**(예: 계약서에 육계의 공급가격은 육계협회 고시가격에 연동하여 공급한다고 명확히 기재되어 있고, 이 고시가격 상승에 따라 공급가격이 인상되는 경우)는 가맹점사업자에게 불리하게 변경되는 것으로 보지 않으므로 **별도의 협의 의무가 없습니다.** 즉, 필수품목을 변동가격으로 설정하더라도, 그 가격 책정 기준이 명확하여 가맹점사업자가 충분히 예측 가능하다면, 기준 가격요소의 변동에 따라 공급가격이 인상되더라도 매번 협의를 거치지 않을 수 있습니다.

**협의 의무 불이행으로 간주되는 경우의 주의사항:** 한편, 공정위의 「구입강제품목 거래조건 변경 협의에 대한 고시」는 협의 절차를 **형식적으로 거친 경우 협의를 하지 않은 것으로 간주**합니다. 특히, 모든 협의 절차를 거쳤으나 **협의 시 정한 인상률보다 높은 인상률을 시행한 경우**에도 협의 의무 불이행으로 간주되는 점은 각별히 유의할 필요가 있습니다.

- **예시:** 본부가 10%의 인상률을 제시하고 점주가 5%를 주장하여 협의 과정에서 6% 인상으로 결론이 내려졌는데, 이후 가맹본부가 협의 결과와

달리 인상률을 7%로 정했다면, 이는 협의 절차를 불이행한 것으로 간주됩니다.

### 실질적인 협의의 중요성과 자료 관리

따라서 필수품목 관련 거래조건 협의 시에는 인상의 필요성과 취지를 가맹점사업자들에게 잘 설명하고, 관련 자료를 적극적으로 제공해야 합니다. 또한, 가맹점사업자의 의견 진술 기회를 최대한 보장하는 등 실질적인 협의 절차가 되도록 노력하고, 협의 과정에 대한 모든 자료를 꼼꼼하게 정리하고 보관하는 것이 바람직합니다. 이는 불필요한 분쟁을 예방하고, 만약 분쟁이 발생하더라도 본부의 성실한 노력을 입증하는 중요한 근거가 됩니다.

**관련 법 조항**

**〈가맹사업법〉**

**제11조(가맹계약서의 기재사항 등)** ① 가맹본부는 가맹희망자가 가맹계약의 내용을 미리 이해할 수 있도록 제2항 각 호의 사항이 적힌 문서를 가맹희망자에게 제공한 날부터 14일(가맹희망자가 가맹계약서의 내용에 대하여 변호사 또는 제27조에 따른 가맹거래사의 자문을 받은 경우에는 7일로 한다)이 지나지 아니한 경우에는 다음 각 호의 어느 하나에 해당하는 행위를 하여서는 아니 된다.

② 가맹계약서는 다음 각호의 사항을 포함하여야 한다.

12. 가맹본부가 가맹점사업자에게 가맹본부 또는 가맹본부가 지정한 자와 거래할 것을 강제할 경우 그 강제의 대상이 되는 부동산 · 용역 · 설비 · 상품 · 원재료 또는 부재료 · 임대차 등의 종류 및 공급 가격 산정방식에 관한 사항

**〈가맹사업법 시행령〉**

**제12조(가맹사업당사자의 권리 · 의무에 관한 사항)** 법 제11조제2항제13호에서 "대통령령이 정하는 사항"이란 다음 각 호의 어느 하나에 해당하는 사항을 말한다.

7. 가맹본부와 가맹점사업자 사이의 거래조건 변경협의 및 분쟁 해결 절차에 관한 사항

**[별표 2]**

2. 구속조건부 거래

법 제12조제1항제2호에 해당하는 행위의 유형 및 기준은 다음 각 목의 어느 하나와 같다.

나. 거래상대방의 구속

부동산 · 용역 · 설비 · 상품 · 원재료 또는 부재료의 구입 · 판매 또는 임대차 등과 관련 부동산 · 용역 · 설비 · 상품 · 원재료 또는 부재료의 구입 · 판매 또는 임대차 등과 관련하여 부당하게 가맹점사업자에게 특정한 거래상대방(가맹본부를 포함한다. 이하 이 목에서 같다)과 거래할 것을 강제하는 행위. 다만, 다음의 요건을 모두 충족하는 경우에는 그러하지 아니하다.

(1) 부동산 · 용역 · 설비 · 상품 · 원재료 또는 부재료가 가맹사업을 경영하는 데에 필수적이라고 객관적으로 인정될 것

(2) 특정한 거래상대방과 거래하지 아니하는 경우에는 가맹본부의 상표권을 보호하고 상품 또는 용역의 동일성을 유지하기 어렵다는 사실이 객관적으로 인정될 것

(3) 가맹본부가 미리 정보공개서를 통하여 특정한 거래상대방과 구입 · 판매 또는 임대차 등의 거래를 할 것을 강제하는 부동산 · 용역 · 설비 · 상품 · 원재료 또는 부재료의 세부내역 및 그 거래상대방에 관한 정보를 가맹점사업자에게 알리고 이를 가맹계약서에 포함할 것

(4) 가맹본부가 특정한 거래상대방과 구입 · 판매 또는 임대차 등의 거래를 할 것을 강제하는 부동산 · 용역 · 설비 · 상품 · 원재료 또는 부재료의 세부내역, 가격, 수량, 품질 및 그 거래상대방 등 거래조건을 가맹점사업자에게 불리하게 변경하는 경우 가맹점사업자와 협의를 거칠 것

**「구입강제품목 거래조건 변경 협의에 대한 고시」**

**II. 불리한 거래조건 변경에 해당하는 경우**

**1. 영 제13조제1항 별표 2 제2호나목(4)에 따른 "거래조건을 가맹점사업자에게 불리하게 변경하는 경우"란 다음 각 목의 어느 하나에 해당하는 경우로 한다.**

나. 구입강제품목의 단위(수량, 용량, 규격, 중량 등) 당 공급가격을 인상하는 경우. 다만, 가맹계약서에 공급가격 산정방식이 구체적으로 기재되어 있고 해당 공급가격 산정방식에 따라 자동으로 가격이 인상되는 경우는 제외한다(예: 계약서에 육계의 공급가격은 육계협회 고시가격대로 공급한다고 기재되어 있고, 고시가격 상승에 따라 공급가격이 인상되는 경우).

## 6-7 점주가 카드 결제를 요구하는데 거절할 수 있나요?

**사장님:** 일부 점주가 가맹본부에 발주하는 금액에 대해서 카드 결제가 가능한지 물어보는데, 꼭 해줘야 하나요? 저는 처음부터 현금 결제를 해왔고, 대다수 분들은 현재까지 현금 결제를 해오고 계세요.

**가맹거래사:** 사장님, 현재 가맹본부가 법인인데, 직영점은 지점이 운영하고 있지요?

**사장님:** 네, 지난 번 가맹거래사님 말씀 참고해서 지점에서 별도 사업자등록을 한 후 직영점을 운영하고 있습니다.

**가맹거래사:** 신용카드가맹점 계약은 지점만 하셨나요?

**사장님:** 네. 본점은 소비자 상대로 상품판매하는 경우가 없어서 신용카드사와 가맹점 계약을 맺지 않았어요.

**가맹거래사:** 가맹본부가 신용카드가맹점이 아니라면 일부 가맹점사업자에 대한 신용카드 결제가 애초에 불가능하고, 일부 점주의 신용카드 결제 요청이 있다고 하여 가맹본부가 신용카드가맹점이 되어야 할 법적인 의무가 생긴다고도 할 수 없습니다.

---

여신전문금융업법상 신용카드가맹점은 신용카드 결제 요청을 거부할 수 없고 카드소지자에게 수수료를 전가할 수도 없습니다(아래 법 조항 참조). 다만 세법상 법인의 지점은 본점과 별도의 사업자등록이 가능하고, 그에 따라 지점만 신용카드가맹점이 될 수도 있어, 직영점 운영에도 불구하고 본점은 신용카드가맹점이 되지 않을 수도 있습니다.

**관련 법 조항**

**〈여신전문금융업법(법률 제20716호, 2025. 1. 21., 일부개정)〉**

**제2조(정의)** 이 법에서 사용하는 용어의 뜻은 다음과 같다.

5. "신용카드가맹점"이란 다음 각 목의 자를 말한다.

가. 신용카드업자와의 계약에 따라 신용카드회원 · 직불카드회원 또는 선불카드소지자(이하 "신용카드회원등"이라 한다)에게 신용카드 · 직불(直拂)카드 또는 선불(先拂)카드(이하 "신용카드등"이라 한다)를 사용한 거래에 의하여 물품의 판매 또는 용역의 제공 등을 하는 자

나. 신용카드업자와의 계약에 따라 신용카드회원등에게 물품의 판매 또는 용역의 제공 등을 하는 자를 위하여 신용카드등에 의한 거래를 대행(代行)하는 자(이하 "결제대행업체"라 한다)

**제19조(가맹점의 준수사항)** ① 신용카드가맹점은 신용카드로 거래한다는 이유로 신용카드 결제를 거절하거나 신용카드회원을 불리하게 대우하지 못한다.

④ 신용카드가맹점은 가맹점수수료를 신용카드회원이 부담하게 하여서는 아니 된다.

그런데, **가맹본부가 개인사업자여서 직영점 운영을 위해 신용카드가맹점**인 경우, 또는 법인이어도 **본점이 직영점을 운영하면서 신용카드가맹점인 경우**에는 여신전문금융업법에 따라 가맹점사업자의 카드 결제 요구를 거절할 수 없습니다(금융위원회 사무처 금융산업국 중소금융과 민원 회신. 접수번호 2AA-2506-0048997).

## 카드 결제 거부 자체가 공정거래법 위반인지?

여신전문금융업법 이슈와는 별개로, 가맹본부가 가맹점사업자의 카드 결제 요구를 거부한 것이 **가맹사업법상 불공정거래행위인지 여부**에 대하여, 공정위는 카드 결제 거부로 인해 가맹점사업자가 **어떠한 불이익을 받았고 그 정도가 어떠한지**, 그것이 **정상적인 거래관행**을 벗어나 가맹점사업자에게 불이익이 되는 것인지 여부 등의 **사실관계를 확인하기 곤란하다며 심의절차종료** 결정을 내린 바 있습니다(공정위 2025. 3. 5.자 의결 제2025-035호, 「비알코리아㈜의 가맹사업법 위반행위에 대한 건」).

**현금 결제 강제를 약관으로 정할 경우는?**

다만, 가맹본부가 가맹계약서에 **물품대금을 현금으로 지급할 것을 강제**하는 **조항**은 약관규제법에 따라 **무효**가 되므로 주의가 필요합니다(공정위 2009. 4. 6.자 시정권고 2009-013호 「(주)제너시스의 BBQ 가맹계약서상 불공정약관조항에 대한 건」).

## 6-8 가맹점주의 영업지역 반경 내에 새롭게 직영점을 두고자 하는데… 가능할까요?

창업 후 3년, 정신없이 달려왔다. 시행착오도 있었지만 좋은 점주들을 만나 전국에 가맹점이 늘었고, 브랜드 인지도도 제법 생겼다.
하지만 최근 A시 매장이 고민이다. 상권은 아파트 입주로 완전히 바뀌었고, 경쟁 브랜드도 몰려들었다. 그런데 기존 점주는 인테리어 개선이나 매출 상승에 별 관심이 없어 보인다.

*"이렇게 두면 브랜드 이미지가 퇴색될 수도 있겠는데…"*

상권이 크게 바뀌었으니 근처에 직영점을 새로 오픈해볼까? 혼자 고민하다가 가맹거래사를 찾아뵙고 상담하기로 했다.

**사장님:** 가맹거래사님, 너무 자주 찾아뵙는 것 같은데요, 또 고민거리가 생겼습니다…

**가맹거래사:** 네, 사장님, 오늘은 무슨 일이신가요?

**사장님:** 가맹거래사님께서 도와주신 덕분에 우리 브랜드가 3년간 정말 안정적으로 별 탈 없이 잘 성장해온 것 같습니다.

**가맹거래사:** (웃음) 별 말씀을요, 사장님의 아이템과 철학이 인정받은 거죠!

**사장님:** 아닙니다. 가맹거래사님 도움이 없었다면 여기까지 오지 못했을 거예요… 사실, 가맹본부를 설립한 지 3년이 넘어서 간판이나 인테리어 리모델링, 메뉴 개발, 판촉 등 이것저것 고민들이 많은데요, 특히 저희 가맹본부 설립 초반에 상생시에 오픈하신 상생점 가맹점주님이 큰 고민입니다.

**가맹거래사:** 상생점이라… 그 분 사장님이 창업 초기에 오랜 상담 끝에 어렵게 오픈하신 분 아닌가요?

**사장님:** 맞아요. 저희 가맹본부가 처음 생겼을 때 유난히 신중하게 고민하셨죠. 그래도 당시 별 볼 일 없는 저희 음식과 저의 철학을 믿어주신 초기 가맹점사업자분 중 하나입니다. 당시 상생시는 개발 진행 중이라 이렇다할 상권도, 유동인구도 없었는데, 동업자의 마음으로 한 번 키워보겠다고 다짐하시면서 상생점을 오픈하셨었거든요. 척박한 환경에서도 꿋꿋이 그 넓은 지역에 우리 버거를 알리는데 크게 기여하셨습니다.

그런데 **2년 전에 A시에 지식산업센터, 대규모 아파트가 단지가 차례로 생기고 크지는 않지만 쇼핑몰까지 생겨서 유동인구가 급격하게 늘어났어요.** 개발 계획은 있었지만, 막상 생기니 유동인구가 많이 늘었고, 기존 상권도 급격하게 바뀌는 것 같습니다. 쇼핑몰 내에는 물론 근처에 버거와 피자를 파는 가게도 몇 개 생겼는데, 다행인지 불행인지 상생점은 주 상권과는 거리가 있어 그런지 아직은 매출에 별 다른 변화는 없다고 합니다. 그래서 변화된 상권에 맞춰서 새로운 메뉴도 개발하고 행사도 하면서 경쟁에서 우위를 점해보고 싶은데, 그러기에는 기존 가맹점주분을 설득해서 진행하는 것보다는 새로운 직영점을 오픈하는 게 신속하고 효과적일 것 같아서요.

**가맹거래사:** 상생점 **영업지역 이슈**때문에 고민이신가보네요. 직영점을 둘 곳은 어디인가요?

**사장님:** (휴대폰 앱을 실행해서 지도를 보여주며) 지금 쇼핑몰 주변 여기가 주 상권인데, 쇼핑몰 내에는 유명 햄버거 프랜차이즈가 들어왔고, 쇼핑몰 사거리 맞은 편에 수제버거 집이 생겼는데, 프랜차이즈는 아닌 것 같아요. 그

래서 저희는 직영점을 여기에 두고 싶은데, 이 곳이 기존 상생점의 영업지역에 걸칩니다. 가맹사업 초기고 별다른 상권이 없어서 상생점 오픈 시 특별한 조건 없이 반경 2km를 영업지역으로 정했거든요. 영업지역을 벗어나면 큰 길을 건너야 하는데, 여기는 젊은 층 유동인구가 확 줄어들더라구요. 상생점으로부터 반경 1.8km 정도 내인 여기에 위치하는 것이 딱 좋습니다.

**가맹거래사:** 계약서에 정한 반경 내라면 원칙적으로 직영점이나 신규 가맹점 설치가 불가능하지만, **가맹점사업자와 협의해서 영업지역을 변경하는 것은 가능**합니다. 다만, 점주와 합의서가 작성되었다는 것만으로는 부족하구요, 상권변동 등 **법에서 정하는 사유가 존재**하여야 합니다.

### 영업지역 변경 사유

1. 재건축, 재개발, 신도시 건설 등 상권의 급격한 변화

2. 상권의 거주인구, 유동인구의 현저한 변동

3. 소비자의 기호변화 등으로 인해 수요가 현저히 변동

4. 위 1~3에 준하는 경우로서 기존 영업지역을 그대로 유지하는 것이 현저히 불합리하다고 인정되는 경우

**사장님:** 그냥 합의서만 쓰면 되는 것이 아니군요. A시의 경우에는 지식산업센터, 아파트, 쇼핑몰 등이 생겨서 상권과 유동인구가 급격하게 변동한 경우로 볼 수 있지 않을까요?

**가맹거래사:** 네, 상권분석시스템을 통해 확인해보니, 3년 전에 비해 현재 유동인구가 2배 이상 늘었고, 특히 유동인구가 새로 생긴 아파트와 쇼핑몰 사이의 대로를 중심으로 급격히 늘어난 것으로 보이는데, 현재는 여기가

주된 상권으로 보이네요. 상생점은 이 주된 상권에서 좀 떨어진 구 시가지 인근 주택 단지 내에 있어서 주된 상권과도 좀 떨어져 있구요. 새로운 상권이 아예 새로 생기다 보니 정작 상생점 인근의 유동인구 변화는 크게 없는 것 같습니다. 구 시가지에 시청 등 관공서 건물이 그대로 있어서 그런 것 같습니다.

**사장님:** 저도 아주 자세하게 보지는 않았는데, 자세히 분석을 해 나갈수록 새로운 상권이 상생점의 상권에 크게 영향을 주는 것은 아닌 것 같네요. 유동인구 자체도 엄청나게 늘어나서 상생점의 규모를 생각하면 새로운 상권을 다 커버할 수도 없을 것 같다는 생각도 듭니다.

**가맹거래사:** 이 정도면, 상생점 점주님과 영업지역 변경 합의를 하셔도 무방할 것 같습니다. 오히려 새로운 상권에서 사장님 브랜드를 잘 알리면, 그 홍보 효과가 상생점에도 긍정적으로 영향을 미칠 수도 있을 것 같아요. 거리도 1.8Km 정도면 배달가능 지역이 많이 겹칠 것 같지는 않습니다.

**사장님:** 사실 제가 생각하는 직영점 콘셉트는 '홍보'여서 홀 영업에 집중하려고 하기는 합니다. 직영점에서 좋은 경험을 갖고 계신 분이, 구 시가지를 가시거나 배달어플로 주문하실 때, '어, 여기에도 상생버거가 있네' 하시면서 방문하거나 배달주문을 하실 수 있을 것 같아요.

**가맹거래사:** 저와 함께 분석했던 것처럼, 상생점 점주님을 잘 설득하셔서 영업지역에 대한 변경 합의를 진행해보시기 바랍니다. 협상 진행에 고민이 있으시면, 점주분께 동의를 구하셔서 저와 함께 진행하셔도 좋을 것 같습니다. 점주분들은 막연한 걱정이 있을텐데, 유동인구와 상권 분석에 대한 객관적 데이터를 토대로 점주님의 고민에 대하여 충분히 답변해드리면, 원만하게 협상을 진행하실 수 있을 것 같습니다. 조금 더 원만한 협상을 하시려면, 보상책을 제안하시는 것도 좋습니다. 판촉이나 광고비 등을 지원하는 것도 방안일 수 있고, 약간의 위로금을 드리는 것도 한 대안이 될 수 있으니, 그 부분은 상생점을 잘 알고 지내오신 사장님께서 잘 고려해보시면 될 것 같습니다.

**사장님:** 정말 많은 고민이 되던 문제였는데, 가맹거래사님과 상담하다보니 속이 다 시원해졌습니다. 너무 감사합니다!

**가맹거래사:** 다 사람이 하는 일입니다. 지금까지 그래오셨듯이 사장님께서 진심으로 대하면 점주님도 그 마음을 다 알아주실 겁니다. 다만, 진심도 상권분석 시스템 등을 활용한 객관적 수치와 데이터로 뒷받침되면 그 전달이 더 수월해질 뿐이고, 저는 법적으로 지켜야 할 사항을 알려드릴 뿐입니다.

**사장님:** 네, 상생점 점주님과 미팅 일정부터 잡아보겠습니다!

---

가맹본부가 기존 가맹점사업자의 영업지역 내에 직영점 또는 신규 가맹점을 출점할 경우, 해당 가맹점사업자의 영업지역을 변경하여야 하고, 이를 위해서는 해당 가맹점사업자와의 합의가 이루어져야 하는 것은 물론, 상권의 급격한 변동, 유동인구의 현저한 변동, 소비자 기호 변화에 따른 수요 변화 등과 같은 사유가 존재하여야 합니다.
이러한 영업지역의 보호는 가맹본부와 기존 가맹점사업자 간 브랜드가 동일한 경우는 물론, **가맹본부가 운영하는 동일 업종의 다른 브랜드의 경우에도**

**적용**되며, 나아가 **가맹본부의 계열회사**가 운영하는 브랜드가 동일한 업종인 경우에도 기존 가맹점사업자의 영업지역 보호는 마찬가지로 적용됨을 유의할 필요가 있습니다.

단, 기존 가맹점사업자의 영업지역 내에 다른 경쟁 브랜드의 점포가 존재하던 중 가맹본부가 경쟁 브랜드를 인수(가맹본부를 인수, 합병하거나, 영업을 양수한 경우 등)하는 경우, 가맹본부가 기존 가맹점사업자와 합의할 필요가 없습니다. 다만, 위 경쟁 브랜드 점포가 기존 가맹점사업자의 브랜드로 변경할 경우에는 적어도 기존 가맹점사업자의 동의는 필요하다고 보는 것이 공정위 입장입니다(심사지침 Ⅳ. 8. 다. (2) (다) 및 아래 박스 참조).

**관련 법 조항**

**〈가맹분야 불공정거래행위 심사지침〉**

Ⅳ. 개별 행위유형별 위법성 판단기준

8. 부당한 영업지역 침해행위

다. 부당한 영업지역 침해행위

(2) 위법성 판단기준

(가) 가맹본부가 가맹계약 기간 중 가맹점사업자의 영업지역 안에서 가맹점사업자와 동일한 업종의 자기 또는 계열회사의 직영점이나 가맹점을 설치하는 경우, 가맹점사업자의 계약상 권리를 침해할 뿐 아니라 영업지역을 보장받을 것이라고 믿고 계약을 체결한 가맹점사업자에게 예측하지 못한 피해를 줄 수 있으므로 원칙적으로 공정거래저해성이 인정된다. 다만, 정당한 사유가 있는 경우에는 위법성이 없는 것으로 볼 수 있다.

(나) 정당한 사유가 있는지는 재건축, 재개발 또는 신도시 건설 등으로 인한 상권의 급격한 변화, 해당 상권의 거주인구 또는 유동인구의 현저한 변화, 소비자의 기호변화 등으로 인한 상품 · 용역에 대한 수요의 현저한 변화 등의 사유가 발생함에 따라 기존 가맹점사업자와 상권이나 고객층이 확연히 구분되어, 신규출점을 하더라도 신규출점 점포로의 고객전환 가능성이 현저히 낮아 기존 가맹점사업자가 피해를 입을 우려가 거의 없다는 객관적인 사정이 존재하는지, 가맹점사업자와 합의하였는지 등을 종합적으로 고려하여 판단한다.

(다) 가맹본부가 동일업종의 다른 가맹본부를 인수하거나 합병하여 다른 가맹본부의 가맹점사업자가 동일 점포에서 가맹점사업자가 속한 가맹본부의 브랜드로 전

환하고자 하는 경우 해당 업종의 기존 경쟁관계에 실질적인 변화가 발생한다고 보기 어려우므로, 기존 가맹점사업자의 동의를 얻어 가맹점사업자가 속한 브랜드로 신규출점을 하였다면 부당한 영업지역 침해에 해당하지 않는다.

**가맹본부의 영업지역 침해 시 손해배상의 범위는?**

① 서울고등법원 2014. 5. 29. 선고 2013나2016938, 2013나2016945 판결에서는, 가맹본부가 기존 가맹점사업자의 영업지역 내(100m 거리)에 신규 가맹점을 설치한 사례에서, **신규 가맹점 설치 전의 월평균 매출액과 설치 후 월평균 매출액의 차액에 신규 가맹점 설치 전 영업이익률을 곱한 금액**을 기준으로 손해배상을 인정하였습니다.

② 서울서부지방법원 2019. 8. 9. 선고 2018가단216868 판결은 가맹본부가 기존 가맹점사업자의 영업지역 내에 신규 가맹점을 개설함으로써 기존 가맹점사업자의 매출이 감소하다가 결국 폐점한 사례에서, **신규 점포 개설 전 매출 감소율과 개설 후 매출 감소율의 차이(%p)에 따른 매출 추가하락분에 위 신규 점포 개설 전까지 기존 점주의 평균 영업이익률을 곱한 금액**을 손해액으로 인정하였습니다.

③ 수원지방법원 2024. 12. 12. 선고 2023가단543635 판결에서는, 신규 가맹점 설치를 이유로 **가맹점주가 적법하게 계약을 해지**한 경우 **개업을 위해 지출된 인테리어, 간판 등 설치 비용과, 해지 이후 잔여 개월 수 동안 얻을 수 있었던 영업손실**을 손해로 인정하기도 하였습니다.

영업지역 침해에 대한 손해는 이를 주장하는 가맹점사업자가 주장, 입증하는 바에 따라 그 내용이나 범위가 달라진다고 볼 수 있으므로, 참고하시기 바랍니다.

**가맹본부의 영업지역 침해 시 제3자인 신규 가맹점사업자에게 피해가 발생할 수도 있으므로 각별한 주의가 필요**

한편, 가맹본부의 부당한 영업지역 침해행위로 피해를 입을 우려가 있는 기존 가맹점사업자는, 가맹본부를 상대로 본안소송을 제기하기 전에 영업지역 침해금지 가처분을 신청할 수 있고, 해당 가처분이 인용될 경우 직영점 및 신규 가맹점의 개설 절차(계약서 체결까지 포함)를 중단시킬 수 있으며, 이 경우 가맹본부가 신규 가맹점이 입은 손해를 배상하여야 합니다. 따라서 가맹본부는 이러한 경우를 고려하여 신규 가맹점 모집 시 기존 가맹점사업자의 영업지역을 침해하는지 여부에 대하여 면밀한 검토가 필요합니다.

**핵심 정리**

- ✔ 기존 가맹점 영업지역 내 직영점 또는 신규 가맹점 출점 시 기존 가맹점사업자와 영업지역 변경 합의가 이루어져야 함.
- ✔ 영업지역 변경 합의만으로는 부족하고, 상권, 유동인구, 소비성향 등의 변경과 같은 법정의 사유도 존재하여야 함.
- ✔ 가맹본부의 다른 브랜드, 가맹본부 계열회사의 브랜드가 동종 업종인 경우에도 기존 가맹점사업자의 영업지역은 보호됨. 단, 가맹본부가 경쟁 브랜드를 인수한 경우는 예외!

## 6-9 가맹점주분들께서 "상생버거 점주협의회"를 만드신다고 하는데, 어떡하죠?

**사장님:** 안녕하세요, 가맹거래사님. 생각지 못한 소식을 들어서요.

**가맹거래사:** 무슨 일이시죠?

**사장님:** 최근에 오픈하신 사단점 점주님께서 저희 본부에 필수품목이 너무 많다, 고기 품질이 약속한 것과 다르다, 본부 물류가 원활하지 않다, 채소는 자신이 잘 아는 거래처로부터 사입하면 안 되냐, 주방 시설을 바꾸면

안 되냐는 등으로 지속적인 의견을 제시하시는 분이 계십니다. 이번에 인근에 신규 가맹점 출점할 때도 영업지역과 배달지역 때문에 한바탕 난리가 났었지만, 가맹거래사님의 도움으로 무사히 신규 가맹점 출점도 완료해서 지금은 잘 지내고 있는데요, 최근 들리는 소문에, 그 점주분이 점주들을 모아서 단체를 만든다고 하시더라구요. '단체를 형성해야 점주들의 목소리가 본부에 먹힌다'며 점주들을 모으고 있는 것 같습니다.

**가맹거래사:** 현행법상 가맹점사업자는 사업자단체를 만들 수 있고, 특정 가맹본부와 가맹계약을 체결, 유지하고 있는 가맹점사업자로만 구성된 가맹점사업자단체는 가맹본부에 대하여 거래조건에 대한 협의를 요청할 수 있는 권리가 보장되고 있습니다. 따라서 **가맹본부가 가맹점사업자들이 단체를 구성하는 것 자체를 막을 수는 없습니다.** 당연히, 가맹본부가 **사업자단체에 가입한 가맹점사업자에게 물품공급 중단, 갱신 거절 등의 제재를 해서도 안 되고요.**

***"점주의 단체 가입을 막거나***
***단체 구성, 가입 및 활동을 이유로 불이익을 주는 것은 금물입니다."***

**사장님:** 그렇군요… 사단점 점주분은 벌써부터 점주들의 목소리를 모으고 있는데, 최근 이슈가 된 물류마진, 차액가맹금 소송을 준비하고 있다는 이야기도 하는 것 같아요. 꽤나 호소력이 있는지 참여하는 점주들이 많다고 합니다. 많은 점주가 하나의 목소리를 내기 시작하면 무시하기도 어려울 것 같은데, 협의를 요청하면 가맹본부는 언제나 응해야 하나요?

**가맹거래사:** 가맹사업법은 가맹점사업자단체가 가맹계약의 변경 등 거래조건에 대한 협의를 요청하면 가맹본부는 성실히 협의에 응하여야 한다고 규정하고 있으나, 응하지 않거나 성실하게 응하지 않았다고 해서 제재를 하는 규정이 있는 것은 아닙니다.

**사장님:** 협상에 응하는 것이야, 어차피 점주분들 목소리를 잘 듣는 것이라고 생각하면 별 문제는 아니고, 사단점 점주님께서 제기하신 문제 중 의미 있는 것도 있어서, 오히려 잘 된 일이라고도 생각합니다. 실제로 걱정되는

부분은, 점주단체 측에서 본부가 누구랑 거래하는지, 필수품목의 항목, 레시피, 본부 슈퍼바이저의 교체, 물류, 메뉴 구성, 가격 책정 등에 대해서까지 간섭하면 어떻게 해야 하나 걱정입니다. 사실 위의 문제들은 거래조건이라기보다는 본부의 경영과도 밀접하게 연관되어 있어서요. 점주분들을 설득하기 위해 관련 내용을 다 밝힐 수도 없고, 그러면 숨기는 게 있다며 공격하고 불신이 쌓일 것 같고… 제가 너무 앞서서 걱정하는 걸까요?

***"점주단체의 협상 요구에도 한계가 있습니다."***

**가맹거래사:** 아닙니다. 충분히 걱정하실 내용이고, 미리 고민해서 나름의 기준을 마련해두시면, 실제 그와 같은 이슈가 발생했을 때 고민을 해보지 않은 분보다는 조금 더 현명하게 대처하실 수 있을 겁니다.

우선, 가맹사업법은 "가맹점사업자단체는 **가맹사업의 통일성이나 본질적 사항에 반하는 거래조건**을 요구하는 행위, 가맹본부의 **경영 등에 부당하게 간섭**하는 행위 또는 **부당하게 경쟁을 제한**하는 행위를 하여서는 아니 된다."라고 규정하고 있습니다. 따라서 가맹점사업자단체의 요구사항이 메뉴나 소스, 주요 식재료 등 또는 인테리어 등과 같은 브랜드 통일성에 직접적인 영향을 미치는 부분이라면 가맹본부가 거절할 수 있고, 가맹본부의 임직원에 대한 인사나 본부의 마진율 등은 경영에 속하는 사항이므로 합리적 사유 없이 그에 대한 개입을 요구하는 경우에도 가맹본부는 거절할 수 있습니다. 가맹본부는 가맹점사업자단체의 협상 요청에 성실하게 응하되, 위와 같은 요구에 대해서는 선을 분명히 할 필요가 있습니다.

**사장님:** 아, 지난 번에 사단점 점주분이, 단체시 사단동의 경우 인구밀도가 높고 경쟁업체도 많아서 각 점주별로 배달지역이 겹치면 서로 출혈경쟁을 하게 되니, 사단동에 대해서만이라도 본부에서 점주 간 배달지역을 정리해달라고 하던데, 이 부분도 응해야 하나요? 사실 무리점 점주분께서도 자신의 영업지역이 아닌 합동점에서 프로모션을 하며 자신의 영업지역에까지 배달을 하는 바람에 배달 매출이 줄었다며 본부 측에 해결을 요구하기도

했습니다. 나중에 점주단체가 만들어지면, 분명히 점주 간 배달지역 정리를 요구할 것 같은데, 이 부분에 대해서도 본부가 협상에 응해야 할지요?

**가맹거래사:** 아까 말씀드린 것처럼, 가맹사업법은 가맹점사업자단체가 "부당하게 경쟁을 제한하는 행위"를 하는 것도 금지하고 있습니다. **점주들이 점주 간 배달지역을 구분하는 것은 공정거래법이 금지하는 부당한 공동행위, 즉 담합**에 해당합니다. 나아가 **가맹본부가 직접 점주들의 배달지역을 구분해주었다면 그 행위는 가맹사업법이 금지하는 구속조건부 거래행위**에 해당합니다. 따라서 가맹점사업자단체가 그러한 요구를 하는 것은 관련 법에 명백히 반하는 요구이고, 가맹본부도 이를 명시적으로 거절하여야 합니다. 그렇지 않으면 자칫 가맹점사업자들의 담합에 가맹본부가 가담하는 것으로 평가될 여지도 있습니다. 만약 사전에 가맹점사업자단체 측에서 위와 같은 목적을 명시하며 협의를 요청하였을 경우, 가맹본부 측에서는 법 위반에 대한 협의 요청임을 이유로 불응하셔도 무방한 사안이라고 생각합니다.

**사장님:** 저는 어느 정도 맞는 이야기라고 생각했는데, 그 이야기를 들어줬다가는 정말 큰 일이 날 뻔 했네요… 가맹거래사님 덕분에 다시 한 번 살았습니다.

**가맹거래사:** 단체가 모여서 이야기하면 들어줘야 한다는 압박이 생길 수도 있습니다. 그럴수록, 법을 기준으로 가부를 명확히 하시는 것이 중요합니다. 아, 사장님 최근 가맹점사업자분들과 가맹계약서 개정하시면서 필수품목의 가격 산정 기준 및 변경 시 협의절차를 추가하셨지요? 필수품목 하나하나의 거래조건이 변경될 때마다 모든 점주들과 협의를 진행하셔야 하는 것이 원칙인데, 상생버거 가맹점사업자의 과반수가 가입된 가맹점사업자단체가 있으면 필수품목 관련 협의하시기에 더 용이하실 수도 있을 것 같습니다.

**사장님:** 아! 그렇게 생각할 수도 있겠네요. 사실 필수품목 관련 협의를 어떻게 진행해야 하나 막막했는데, 점주단체와 협의하는 절차를 잘 마련해두면 유용할 것 같습니다.

현재(2025. 6. 말 기준) 시행되는 가맹사업법(법률 제20712호, 2025. 1. 21.로 개정된 것)은 가맹본부가 가맹점사업자단체의 협상 요청에 성실히 응답할 의무를 규정하면서도, 가맹본부가 위 협상 요청에 불응할 때 제재에 대해서는 정하지 않고 있습니다. 다만, 곧 입법화될 것으로 예상되는 개정안(개정안에 대한 내용은 이하 [참고] 부분을 참조해주세요)은 가맹본부의 협상 요청 거절에 대하여 제재할 수 있도록 정하고 있으므로 개정안의 입법화 과정을 지켜볼 필요가 있습니다.

또한 하나의 브랜드 내에서도 복수의 가맹점사업자단체 설립이 가능한데, 이때 가맹본부가 모든 가맹점사업자단체의 협상 요청에 응해야 하는지 여부가 문제될 수 있습니다. 이에 대하여 가맹사업법은, "복수의 가맹점사업자단체가 협의를 요청할 경우 가맹본부는 다수의 가맹점사업자로 구성된 가맹점사업자단체와 우선적으로 협의한다."라고 하여 동일한 쟁점이라면 조금 더 많은 수의 가맹점사업자로 구성된 단체와 협의하면 족한 것으로 정하고 있습니다. 이후 개정안이 통과되어 시행되면 가맹본부의 협상 거부에 대하여 제재가 이루어질 수도 있으므로 개정안 통과 시 협상 의무가 발생하는 가맹점사업자단체의 협상 요청인지 여부를 잘 확인할 필요가 있습니다.

한편, 가맹본부는 가맹점사업자단체의 **구성 · 가입 · 활동 등을 이유로 가맹점사업자에게 불이익을 주는 행위**를 하는 것은 물론, 가맹점사업자단체에 **가입 또는 가입하지 아니할 것을 조건으로 가맹계약을 체결하는 행위**를 할 수 없습니다(같은 법 제14조의2 제5항). 대법원 2024. 7. 11. 선고 2022두64808 판결에서는 가맹점사업자들의 단체 구성 및 활동을 이유로 갱신 거절이 이루어진 경우 가맹사업법 제14조의2 제5항 위반에 해당한다는 점을 확인한 대표적 사례입니다(아래 관련 사례 참조).

**가맹본부가 가맹점사업자들의 단체 구성 및 활동을 이유로 한 갱신 거절, 계약 해지 등의 행위에 대하여 위법성을 인정한 사례**

**'B 치킨' 가맹본부의 갱신 거절 사례**

유명 치킨 'B' 가맹본부는, 가맹점주협의회를 구성하여 활발한 활동을 하고 본부에 비판적 목소리를 내며 형사고소 등 여러 갈등을 겪고 있는 주요 간부들이 운영하는 가맹점에 대하여, 가맹본부가 "통상적으로 적용되는 가맹계약조건이나 영업방침 미수락"이라는 추상적인 사유를 들어 갱신 거절을 하였고, 당시 위 점주들 모두 계약체결 후 10년이 지나 갱신요구권이 소멸된 사안에서, 서울고등법원은 공정위의 처분(가맹본부의 갱신 거절이 가맹사업법 제14조의2 제5항에 위반되므로 시정명령 등을 부과)이 처분사유 없이 이루어졌다면서 그 위법성을 인정한 반면, 대법원은 단체 구성 및 활동을 이유로 갱신 거절이 이루어졌다면서 이는 가맹사업법 제14조의2 제5항을 위반한 것이라고 보아 원심을 파기하였습니다.

(대법원 2024. 7. 11. 선고 2022두64808 판결)

**'M 패스트푸드' 가맹본부의 해지 사례**

패스트푸드 전문점인 'M'의 가맹본부가 가맹점사업자단체의 구성 · 가입 · 활동을 이유로 협의회 대표인 상도역점 가맹점주와의 가맹계약을 해지한 행위에 대해 가맹사업법 제14조의2 제5항을 위반하였다고 보고, 시정명령과 함께 과징금(3억 원)을 부과하기로 결정한 사례입니다. 위 사례에서 가맹본부는 협의회의 대표성이 인정되어야 가맹본부의 협의 대상으로 인정될 수 있다고 주장하며 점주협의회의 협의 요청을 거부하면서 점주협의회의 회장인 상도동 점주에게 계약해지를 예고하며 협의회의 와해를 경고하는 등으로 압박하던 중 결국 가맹본부에 의하여 가맹계약이 해지된 사례였습니다.

(공정위 2024. 1. 30. 의결 2024-035)

**가맹사업법상 '사업자단체 등록제 및 협상의무제' 도입과 관련한 대비책 마련의 필요성**

현재(2025. 6. 말) 가맹점사업자단체의 등록제, 등록된 단체의 협상요청에 대한 가맹본부의 협의 의무 및 위반 시 행정제재와 고발 등이 가능하도록 하는 내용의 가맹사업법 개정안이 국회에 상정되어 있습니다. 새정부는 중소기업의 협상력을 제고하겠다는 정책과제를 제시한 바 있고, 위 개정안은 신속처리안건으로 지정되어 큰 내용 변경 없이 곧 통과될 것으로 예상됩니다.
위 개정안이 통과될 경우, 복수 단체의 반복적 협상 요청 시 경영부담 및 행정적 비효율이 초래될 수 있어 가맹점사업자가 많은 대규모 가맹본부의 경우 효과적인 대응을 위해 관련한 대응책을 마련하는 중인 것으로 보입니다.
개정안이 시행될 경우, 단순히 협상 절차와 다수의 단체가 지속적으로 협상을 요청할 때 협상에 응하여야 하는 기준 등을 마련하는 절차적인 문제뿐만 아니라, 나아가 브랜드를 초월한 전국, 업종 또는 지역 단위의 가맹점사업자단체가 새로 생겨나거나 기존 단체의 입지가 강화되어 해당 단체들의 의사가 개별 브랜드의 협상에 상당한 영향력을 행사하는 문제, 교섭창구 일원화 및 협상을 진행한 대표자의 대표권 문제, 나아가 협상에 참여하지 않거나 협상대표가 속한 단체와 입장을 달리하는 단체 사이의 협상 결과 적용의 문제, 가맹점사업자들의 거래조건 관철을 위한 공동행위에 대한 대응 등과 같은 여러 문제가 발생할 수 있습니다.
개정안에서 특별한 예외 규정을 두지 않은 이상, 가맹본부의 매출액이 2억 원을 초과하거나 가맹점사업자가 5개 이상인 가맹본부의 경우에도 가맹점사업자단체에 대한 개정안이 적용될 것입니다. 따라서 작은 규모의 가맹본부의 경우에도 위 개정안의 통과 여부 및 그 시행 시기에 관심을 갖고, 만약 통과될 예정인 개정안이 적용대상에 해당하는 가맹본부의 경우, 공정위가 발표하는 가이드라인과 관련 전문가와의 상담 등을 바탕으로 가맹점사업자단체와의 협상 관련 프로토콜을 마련하고 관련 계약서의 정비, 문제 상황 발생 시 대응책 등을 미리 준비할 필요가 있다고 생각됩니다.

여기서 잠깐!

**「소상공인 단체 행위에 대한 심사지침」**

소상공인인 가맹점사업자 또는 대리점으로 구성된 단체가 소속 소상공인을 대신하여 가맹본부 또는 공급업자를 상대로 상품의 구매가격, 장려금, 점포환경개선비용, 위약금 비용, 판촉비용, 영업시간 내지 영업지역, 손해배상, 계약갱신 요건 등과 같은 거래조건에 대하여 협의하는 행위에 대해서는 공정거래법상 부당한 공동행위를 적용하지 않습니다(「소상공인 단체 행위에 대한 심사지침」 Ⅲ.).

원칙적으로, 개별 사업자 간 협상을 통해 거래조건을 정하는 시장에서 사업자들이 모여 일정 가격 수준으로 거래조건을 일률적으로 정하기로 하는 취지의 협의를 하는 것은 그 자체로 부당한 공동행위, 즉 담합에 해당하여 제재의 대상이 됩니다. 그런데, 가맹사업 및 대리점 거래의 경우 가맹본부 내지 공급업자에 의하여 일률적으로 거래조건이 결정되는 구조상 개별 가맹점사업자 및 대리점은 가맹본부 등에 비하여 협상력이 미약할 수밖에 없습니다. 「소상공인 단체 행위에 대한 심사지침」은 이처럼 협상력이 미약한 소상공인인 가맹점사업자 및 대리점의 단체 협상권을 보장함으로써 소상공인의 협상력을 제고하고자 일부 행위에 대해 부당한 공동행위 규제의 적용을 배제한 것입니다.

단, 소상공인 단체의 모든 행위에 대하여 담합 규제의 적용을 배제하는 취지는 아닙니다. 소비자에게 공급하는 상품의 가격을 조합이 결정 · 유지 또는 변경하는 행위, 소비자에게 공급하는 상품의 생산량, 판매량, 출고량 등을 조합이 제한하는 행위 등과 같이 소비자와의 거래에 적용되는 거래조건에 대하여 조합 차원에서 결정하는 행위에 대해서는 부당한 공동행위 규제가 적용됩니다(같은 지침 Ⅳ.).

향후 가맹점사업자단체등록제 및 협상의무제가 시행되면, 가맹점사업자단체의 본부에 대한 협상 요청이 잦아질 수 있고, 위 단체는 여러 수단을 통해 가맹본부를 압박할 수 있습니다. 심사지침의 문언상 가맹점사업자단체의 협상 요청에 수반되는 여러 압박 수단들까지 담합 규제가 배제된다고 보기는 어려워보이나, 소상공인의 협상력 제고라는 취지에서 그와 같은 압박수단은 필요최소한의 범위 내에서는 허용될 수 있다고 해석하는 입장도 충분히 있을 수 있습니다.

이후 가맹점사업자단체등록제 및 협상의무제 관련 개정안 통과 후 이 부분과 관련한 공정위의 실무례에 대해 관심을 갖고 지켜볼 필요가 있습니다.

## 핵심 정리

- 점주의 단체구성은 적법하고, 본부는 점주단체의 협상 요청에 성실하게 응할 의무가 있음.
- 단, 본부가 점주단체의 협상 요청을 거부하여도 제재할 수단은 없음.
- 점주단체는 본부에 협상 요청 시 브랜드 통일성, 본질적 사항에 반하는 거래조건 요구, 본부 경영에의 부당한 간섭, 부당한 경쟁제한행위 등을 하여서는 안 됨.
- 점주단체 가입 및 활동을 이유로 갱신 거절 등 불이익 제공은 금지되고, 단체 미가입을 조건으로 하는 가맹계약체결은 금지됨.

PART 07

# 점주와 헤어지는 기술

## 7-1 점주의 해지 요청에 대응하는 자세

**사장님:** 거래사님, 요즘 마음이 편치 않습니다. 얼마 전 한 점주에게서 계약해지를 요청하는 연락이 왔는데, 어떻게 대응해야 할지 막막합니다.

**가맹거래사:** 가맹점사업자의 계약해지 요청은 언제든 발생할 수 있는 일입니다. 하지만 감정적으로 대응하기보다는 **시스템을 갖추고 침착하게 접근**하는 것이 중요합니다. 먼저, 점주가 해지를 요청하는 구체적인 사유가 무엇인지 파악하는 것이 중요하고, 만약 본부의 계약 위반 주장이나 가맹금 반환 요구가 있다면, 그 근거를 면밀히 검토해야 합니다.

**사장님:** 사유는 크게 두 가지인 것 같아요. 하나는 개인 사정으로 더 이상 운영이 어렵다는 것이고, 다른 하나는 본부가 약속했던 지원을 제대로 해주지 않았다는 겁니다. 이런 경우에도 저희가 위약금을 받을 수 있나요? 아니면 가맹금을 돌려줘야 하나요?

**가맹거래사:** 해지 사유와 계약 내용에 따라 본부의 대응 방안이 달라집니다. 가맹점사업자의 귀책 사유가 명확한지 혹은 본부의 책임이 있는지에 따라 위약금 부과나 가맹금 반환 여부가 결정될 수 있습니다. 중요한 것은 본부의 권리와 의무를 정확히 파악하고, 법적 절차에 따라 체계적으로 대응하는 것입니다. 지금부터 점주 해지 요청에 대한 현명한 대응 전략을 함께 살펴보시죠.

***"가맹점사업자의 해지 요청: 감정보다는 시스템으로 대응하기"***

가맹점사업자의 해지 요청은 언제든 발생할 수 있는 일임을 인지하고, 감정적 대응을 지양해야 합니다. 해지 요청 접수 시, 즉시 다음과 같이 **표준화된 프로세스**에 따라 대응해야 합니다.

### 1단계: 면담 및 해지 사유의 정확한 파악

가맹점사업자가 해지를 요청하면, 먼저 진솔한 면담을 통해 **실제 해지 원인**을 심층적으로 파악해야 합니다. 매출 부진, 개인 사정, 본부의 귀책 주장 등 다양한 이유가 있을 수 있습니다.

특히, 가맹점사업자의 주장이 구체적으로 어떤 법적 근거(예: 본부의 채무불이행, 허위 · 과장 정보 제공, 상법 제168조의10에 따른 '부득이한 사정' 등)에 기반하는지 확인합니다.

### 2단계: 법적 요건 및 본부 귀책 사유 면밀히 검토

- **가맹금 반환 요구 요건 확인:** 가맹점사업자가 해지를 전제로 가맹금 반환을 요구하는 것인지, 이 경우, 다음 두 가지 요건을 충족하는지 여부를 확인합니다(가맹사업법 제10조 제1항).
  - ① 정보공개서 등 **법정 서류 제공 의무 위반** 여부(미제공, 14일/7일 기간 미준수 여부).
  - ② 가맹금 반환 요구 통지가 계약체결일로부터 **4개월 이내**에 이루어졌는지 여부.
- **'허위 · 과장 정보 제공'을 주장하는 경우:** 가맹사업자가 가맹본부가 제공한 '예상 매출액 정보가 허위 · 과장되었다'고 주장하는 경우가 많습니다. 이때 본부가 제공한 예상 매출액 산정서가 객관적인 근거(실제 자료)에 기초한 것인지, 법정 최고/최저액 범위(1.7배 이내)를 준수했는지 등을 철저히 검토해야 합니다. 법원은 **단순히 실제 매출이 예상보다 낮다는 사실만으로는 허위 · 과장 정보 제공을 인정하지 않는 경우가 많습니다.** 허위 · 과장 정보 제공 행위가 '계약체결에 중대한 영향을 주었음'이 인정되어야만 가맹금 반환이 가능하며, 이 요건은 매우 엄격하게 판단됩니다.
- **가맹본부의 채무불이행 여부:** 가맹점사업자가 주장하는 가맹본부의 물품 공급 중단, 교육 · 지원 미흡 등이 사실인지, 가맹본부의 계약 위반이 해지 사유에 해당하는지 검토합니다.

- **가맹점사업자의 귀책 사유 확인 및 증거 확보:** 반대로 가맹점사업자의 위생 관리 불량, 불친절, 자점매입(본부 승인 없는 외부 물품 매입, '사입'이라고도 함) 등 가맹본부 정책 위반이나 계약 위반 사항이 없는지 면밀히 확인하고 관련 증거를 확보해야 합니다. 이는 협상 시 가맹본부의 주장을 강화하는 중요한 근거가 됩니다.
- **'부득이한 사정' 주장 대응:** 가맹점사업자가 상법 제168조의10에 따른 '부득이한 사정'(예: 경제 사정의 중대한 변화)을 주장할 경우, 그 주장의 합리성과 점주 개인의 사업 유지 노력 여부 등을 종합적으로 검토해야 합니다.

### 3단계: 위약금 산정 및 협상 전략 수립

- **계약서 기반 위약금 산정:** 먼저 가맹계약서에 명시된 위약금 조항에 따라 위약금을 산정합니다(이때 위약금 조항의 적정성 및 약관규제법 위반 여부도 함께 검토해야 합니다. 과도한 위약금은 불공정거래행위로 무효가 될 수 있습니다).
- **가맹금 반환 범위에 대한 면밀한 검토:** 가맹점사업자가 가맹사업법 제10조 제1항에 따라 가맹금 반환을 요구할 때, 무조건 '가맹금 전액'을 돌려주어야 하는 것은 아닙니다. 가맹본부가 반환하는 가맹금의 금액을 정함에 있어서는 가맹계약의 체결 경위, 지급된 금전이나 그 밖의 대가의 성격, 가맹계약 기간, 실제 계약이 이행된 기간, 가맹사업 당사자 양측의 귀책 정도 등이 종합적으로 고려되어야 합니다(가맹사업법 제10조 제2항). 따라서 '반환하는 가맹금의 범위'도 면밀하게 검토하여 합리적인 근거를 토대로 가맹본부의 입장을 적극적으로 제시할 필요가 있습니다.
- **합의를 통한 원만한 해결 모색:** 소송보다는 조정원 또는 지방자치단체의 분쟁조정이나 합의를 통한 원만한 해결이 시간과 비용을 절약하고 브랜드 이미지 훼손을 최소화할 수 있습니다. 가맹점사업자 측도 상황을 빨리 정리하고 싶어 하는 경우가 많으므로, 이를 활용하여 합리적인 수준에서 합의를 유도하는 것이 현명합니다.

### 4단계: 영업 중단 일정 협의 및 점포 철수/사후 점검

- 가맹점의 갑작스러운 영업 중단이 브랜드 이미지에 부정적인 영향을 미치지 않도록, 영업 중단 일정을 협의하고, 영업양수도가 가능하다면 양수도 절차를 진행하고, 부득이 점포를 철거하여야 한다면, 점포 철수 및 간판 제거, 재고 처리 등 사후 관리를 철저히 합니다.

| 단계 | 내용 | 목적 |
|---|---|---|
| 1단계 | 면담 및 해지 사유 확인 | 진짜 원인 파악 |
| 2단계 | 계약서 기반 위약금 산정 | 공정한 기준 적용 |
| 3단계 | 영업 중단 일정 협의 | 브랜드 이미지 보호 |
| 4단계 | 영업양수도 가능성 확인, 점포 철수 및 사후 점검 | 이탈 후 관리 |

가맹점사업자가 가맹계약을 해지할 수 있는 방법은 여러 가지가 있습니다. 가맹점사업자는 가맹계약에서 정해진 해지 사유가 충족되었음을 이유로 약정 해지권을 행사할 수도 있고, 가맹본부의 채무불이행 등에 따른 법정 해지권을 행사할 수도 있습니다. 어느 경우든 계약해지 사유가 기재된 내용증명을 받으셨다면, 해지 사유가 충족되었는지 여부를 검토하신 뒤 빠르게 대응하실 필요가 있습니다.

통상 가맹계약에는 가맹점사업자의 '무단 해지' 상황에 대비한 조항이 들어있습니다. 가맹점사업자의 해지가 부적법하다고 인정될 경우 역으로 가맹점사업자가 손해배상 책임을 질 수도 있으니, 이러한 점을 협상에 잘 활용해보세요. 해지 시점의 대응은 다른 가맹점사업자들에게도 영향을 줍니다. 정중하고 명확한 절차로 진행하고, 해지 사유는 정리된 보고서 형태로 가맹본부에 축적하여 유사 상황 예방 및 시스템 개선에 활용해야 합니다. 또한 계약 내용에 따라 위약금이나 경업금지 조항이 해지 전, 후로 달리 적용될 수도 있으므로, 계약해지 여부 및 그에 따른 효과를 잘 판단한 후 대응할 필요가 있습니다.

한편 가맹점사업자의 '해지권 행사'로 계약이 종료되는 것과, '기간만료로 계약이 종료되는 것'은 다릅니다. 후자의 경우 가맹점사업자가 계약이 만료되는 날부터 60일 전까지 적법한 갱신 거절 통지를 하였는지 여부에 따라 계약이 적법하게 종료되었는지에 대한 판단이 달라질 수 있습니다. 가맹점사업자가 해지권을 행사하는 것인지, 갱신 거절 통지를 하는 것인지 구분해서 검토하시는 것이 필요합니다.

## 7-2 가맹본부의 해지권 행사: '내보내는 기술'은 법률 준수에서 시작됩니다

**사장님:** 거래사님. 그렇다면, 가맹본부가 가맹점사업자를 상대로 계약 기간 중에 해지를 할 수 있나요?

**가맹거래사:** 물론이죠. 가맹본부가 가맹점사업자의 계약 위반을 이유로 계약을 해지하는 것은 정당한 권리입니다. 그러나 가맹본부의 해지권 행사는 **가맹사업법 제14조**가 정하는 매우 엄격한 절차를 따라야 합니다. 이 조항은 가맹점사업자에게 해명 · 시정할 기회를 주고 사업 종료에 대비할 기간을 주기 위한 것으로, 본부가 이를 위반하면 해지 자체가 무효가 되고 오히려 민사상, 행정상 책임을 지게 됩니다.

■ **적법한 계약해지 절차의 원칙**

| 구분 | 내용 | 관련 법 조항 |
|---|---|---|
| 1단계<br>유예기간 부여 | 시정을 위한 최소 2개월 이상의 유예기간 부여 | 가맹사업법<br>제14조 제1항 |
| 2단계<br>서면으로 2회<br>이상 통지 | **기재사항:** 계약 위반 사실, 유예기간, 해당 기간 동안 미시정 시 계약을 해지한다는 사실<br>**방식:** 서면<br>**회수:** 2회 이상. 이때, 매 통지 시마다 2개월을 준수할 필요는 없음(서울고등법원 2019. 8. 16. 선고 2018나2060411 판결) | |

| 구분 | 내용 | 관련 법 조항 |
| --- | --- | --- |
| 절차 미준수 시 효력 | 절차를 지키지 않은 해지는 무효<br>가맹점사업자의 영업 손실 등에 대한 손해배상책임<br>가맹사업법 위반에 대한 행정적 제재 | 가맹사업법 제14조 제2항 |

**가맹점사업자의 계약 위반 시 해지 절차(예시)**

- **1단계:** 위반 사실에 대한 명확한 확인 및 증거 확보 – 자점매입 등 가맹점사업자의 계약 위반 사실을 사진, 거래내역, 진술서 등 객관적인 자료로 명확히 확보합니다. 이는 추후 분쟁 시 가맹본부의 주장을 입증하는 핵심 근거가 됩니다.
- **2단계:** 서면을 통한 시정 요구 및 절차 통지 (1차 통지) – 확보된 증거를 바탕으로 가맹점사업자에게 위반 사실과 그 시정을 요구하는 내용증명을 발송합니다. 이때, '만약 시정하지 않으면 가맹사업법 제14조에 따라 계약해지 절차가 진행될 수 있다'는 점을 명확히 고지해야 합니다.
- **3단계:** 2차 시정 요구 (1차 통지 후 2개월 경과) – 1차 통지 후 2개월이 경과했음에도 위반 사항이 시정되지 않았다면, 2차 내용증명을 발송하여 '여전히 위반 상태이며, 이를 시정하지 않을 경우 계약이 해지될 것'임을 다시 한 번 통지합니다.
- **4단계:** 계약해지 통보 – 2차 통지 이후에도 위반 사항이 시정되지 않으면, 계약해지 통지를 발송합니다. 이 통지에는 해지 사유, 해지 효력 발생일 등을 명확히 기재해야 합니다.

**사장님:** 저런 복잡한 절차 없이 바로 해지할 수 있는 방법은 정말 없나요? 아무리 중대한 위반행위가 있어도 2개월이나 기다려야 하는 건가요?

**가맹거래사:** 아주 없지는 않습니다. 법이 정한 사유가 존재할 경우에는 예외적으로 즉시 해지가 가능합니다.

■ **예외적인 '즉시 해지' 사유**

| 사유 분류 | 구체적인 사유 | 법적 근거 |
| --- | --- | --- |
| 재정적 문제 | 1. 가맹점사업자에게 파산 신청이 있거나 강제집행 절차 또는 회생 절차가 개시된 경우<br>2. 가맹점사업자가 발행한 어음 · 수표가 부도 등으로 지급정지된 경우 | 가맹사업법 시행령 제15조 제1항 제1호, 제2호 |

| 사유 분류 | 구체적인 사유 | 법적 근거 |
| --- | --- | --- |
| 운영 불가 | 3. 천재지변, 중대한 일신상의 사유 등으로 가맹점사업자가 더 이상 가맹사업을 경영할 수 없게 된 경우<br>4. 가맹점사업자가 정당한 사유 없이 연속하여 7일 이상 영업을 중단한 경우 | 가맹사업법 시행령 제15조 제1항 제3호, 제10호 |
| 중대한 위반 | 5. 가맹점사업자가 가맹본부의 지시를 따르지 않아 공중의 건강 또는 안전에 급박한 위해가 발생하거나 발생할 우려가 있는 경우<br>6. 가맹점사업자가 가맹점 운영과 관련된 법령을 위반하여 가맹본부의 명성이나 신용을 훼손하거나 훼손할 우려가 있는 경우<br>7. 가맹점사업자가 법 제14조 제1항 본문에 따른 가맹본부의 시정 요구에 따라 위반사항을 시정한 날부터 1년 이내에 다시 같은 사항을 위반하는 경우 | 가맹사업법 시행령 제15조 제1항 제4호, 제6호, 제7호 |
| 기타 | 8. 가맹점사업자가 가맹점 운영과 관련된 행위로 형사처벌을 받은 경우<br>9. 가맹점사업자가 가맹점 운영과 관련된 법령 위반으로 영업정지 15일 이상의 행정처분을 받은 경우 | 가맹사업법 시행령 제15조 제1항 제8호, 제9호 |

가맹사업법 제14조는 가맹본부가 가맹계약을 해지하려는 경우 신중한 절차를 거칠 것을 요구하면서 그와 같은 절차를 거치지 않은 가맹계약의 해지의 효력을 인정하지 않고 있습니다. 이는 가맹점사업자로 하여금 유예기간 동안 계약해지사유에 대하여 해명 · 시정할 기회를 주고 가맹점사업자에게 가맹사업 종료에 대비할 수 있는 기간을 부여하기 위한 것이므로 반드시 지켜져야 한다는 취지입니다.

이와 같은 절차가 번거롭고 답답하게 느껴질 수 있지만, 가맹사업법이 정한 해지 절차를 철저히 준수하는 것이야말로 본부의 법적 리스크를 최소화하고 다른 가맹점사업자들에게 신뢰와 공정한 이미지를 보여주는 가장 중요한 방법입니다.

## 7-3 계약 종료 후의 분쟁 관리: 경업금지 및 부정경쟁행위 대응

**사장님:** 거래사님! 민가맹 점주와의 계약을 끝내는데는 성공했는데, 민가맹 점주가 가맹점이 있던 바로 그 자리에서 '친구들버거'라는 이름으로 햄버거집을 계속 운영하네요? 제가 몰래 가서 메뉴도 봤는데 '상생버거' 메뉴랑 거의 동일해요. 인테리어도 사실상 바뀐 부분이 거의 없고요. 로열티도 안 내면서 이런 식으로 영업해도 되는 건가요?

**가맹거래사:** 속상하시겠어요. 계약서에 경업금지 조항은 어떻게 규정되어 있나요? 계약기간 '중' 경업금지 의무는 가맹사업법 제6조 제10호가 규정하는 당연한 의무이지만, 계약기간 종료 '후' 경업금지 의무는 계약상 어떻게 규정되어 있는지가 중요합니다.

**사장님:** (계약서를 뒤적이며)··· 아, 여기 있네요. "을은 계약기간 중 또는 계약 종료 후 3년간 갑의 허락 없이 동종유사업을 운영하지 않는다."라고 기재되어 있습니다.

**가맹거래사:** 그래도 다행히 '계약기간 종료 후 경업금지 조항'이 계약서에 들어가 있네요. 다만, '3년'이라는 경업금지 기간은 좀 길어서, 3년의 기간 전부에 대한 경업금지 약정의 효력은 인정되지 않을 확률이 높아요. 또한 '유사영업'까지 포함시킨 것은 가맹점주의 직업 선택의 자유를 과도하게 제한한다고 법원에서 판단할 가능성도 높겠네요. 지역적 범위 제한도 구체적으로 되어 있지 않다면, 약관규제법이나 공서양속에 반한다는 이유로 전부 또는 일부가 무효로 판단될 가능성도 보입니다.

**사장님:** 그럼 어떡하나요? 이건 정말 부당한 상황이에요. 저희 상생버거랑 사실상 동일한 메뉴를 제공하고 있고, 인테리어도 거의 그대로라구요.

**가맹거래사:** 네, 이러한 경우는 단순히 경업금지 위반을 넘어 **부정경쟁방지법상 영업주체혼동행위나 성과 등 무단도용행위에 해당한다고도 주장해볼 수**

**있는 상황**입니다. 다만, 이 부분은 입증이 정말 쉽지 않은 부분이 있어요. 우선, 영업금지 가처분 신청을 해보시죠. 그리고 합의를 통해서 마무리할 수 있는 여지도 있습니다. 경업금지 조항의 경우 전문가의 자문을 받아서 잘 작성하시는 것이 필요합니다. 이번 기회에 판례 사안을 바탕으로 경업금지의 기간, 지역적 범위, 대상 업종 등을 고려하여 경업금지 조항을 새로 정하는 것이 좋겠습니다.

**사장님:** 네, 본격적으로 검토해서 다음 개정 시 반영해야겠어요. 거래사님께서 도와주실거죠? 그나저나, 가맹점사업자가 경업금지 의무를 위반했을 때 제재할 수 있는 방법이 뭐가 있을까요?

**가맹거래사:** 통상적으로 활용되는 방법은 가맹점주가 경업금지 의무를 위반했을 때 위약벌이나 위약금을 지급하도록 계약서에 규정해두는 것입니다. 위약벌과 위약금의 액수는 경업금지 의무 위반으로 인해 발생할 수 있는 예상 손해와 비교해서 적정해야 해요. 그렇지 않으면 위약벌의 경우 일부 무효, 위약금은 감액될 수 있고, 과다한 위약금 부과행위는 불공정거래행위에 해당할 수도 있습니다.

**사장님:** 그렇군요. 위약금, 위약벌을 설정할 때도 여러 부분을 고려해야겠네요.

**계약 종료 후에도 '경업금지 의무' 준수가 필요합니다.**

가맹본부의 입장에서는 가맹사업 계약이 종료된 후에도 전 가맹점사업자가 동일 또는 유사한 사업을 영위하여 브랜드 가치나 영업비밀이 침해되는 것을 막고 싶을 것입니다. 이를 위한 것이 바로 '경업금지 의무'입니다.
그러나 '계약 기간 종료 후 경업금지 의무'는 가맹사업법에 따로 명시된 규정은 아니며, 가맹계약서상 명시적인 약정이 있는 경우에만 효력을 가질 수 있습니다. 이 조항은 가맹본부가 가맹점사업자에게 전수한 노하우, 영업비밀 등을 보호하기 위한 목적을 가집니다.

### 계약 종료 후 경업금지 조항이 유효하기 위한 조건은?

법원 및 공정위는 가맹계약 종료 후 경업금지 조항의 유효성을 인정하는데 있어 매우 엄격한 입장으로 보입니다. 법원은, 일반적으로 가맹계약서에 계약 종료 후 경업금지 조항이 가맹점사업자의 '직업 선택의 자유'를 과도하게 제한한다고 판단될 경우, 약관규제법 또는 '공서양속(선량한 풍속 기타 사회질서)'에 반하여 전부 또는 일부가 무효로 볼 수 있다고 보고 있고(대구지방법원 2023. 5. 10. 선고 2022나329254 판결 약정금), 공정위는 "계약이 종료한 후에까지 가맹점사업자의 동종 또는 유사한 업종에 대한 경업을 금지하는 것은 가맹점사업자의 직업선택의 자유를 지나치게 침해"라고 판단한 바 있습니다(공정위 2009. 4. 6. 시권 2009-013).

### 그렇다고 계약 종료 후 경업금지 의무가 언제나 무효는 아닙니다.

음식점의 경우 종전과 같은 장소에서 이름만 바꾼 채 동종의 영업을 그대로 유지하는 경우에는 계약 종료 이후의 경업금지 약정의 유효성을 인정한 사례가 있습니다(서울서부지방법원 2009. 10. 14.자 2009카합1534 결정). 위 사례에서 법원은, 기한을 정하지 않는 것은 과도한 직업선택의 자유 침해한 것이어서 무효이나, 법원이 적절한 기간을 설정할 수 있다고 하면서 그 기간을 종전 가맹계약상 계약기간인 2년으로 보기도 했습니다. 위 법원의 결정문 중 이와 관련된 이유를 함께 보시죠.

> …더욱이 이 사건의 경우처럼 가맹계약이 종료된 후 동일 장소에서 점포를 계속 운영하게 되면, 가맹본부는 해당 점포나 그 인근에서 새로운 가맹점사업자를 구하기 어려울 뿐만 아니라 시장에서는 가맹본부의 사업 경쟁력에 관하여 의문을 품게 되고 그 결과 가맹본부의 영업권과 명성 및 영업시스템이 손상되므로, 경업자의 영업행위가 금지되지 않는다면 가맹본부는 종료된 가맹점사업자가 활동하던 시장에 재진입할 수 없게 되고, 다른 가맹점사업자들에 대한 가맹본부의 신용도 잠식될 수 있으므로 가맹계약에서 합리적인 범위 내에서 동일 장소에서의 동종영업을 금지하는 것은 허용된다.

> 이 사건 가맹계약 중 경업금지규정으로 돌아와 살펴보건대, 위 경업금지 약정은 가맹계약기간 존속 중 알게 된 굴국밥 육수 조리법, 거래처 등에 관한 정보 등을 이용하여 계약 종료 후 동일 장소에서 동종영업인 굴요리를 하여 채권자에 손해를 끼치는 영업비밀 침해행위를 막기 위한 것으로 그 지리적 제한은 합리적이라고 보이나, 채무자로 하여금 아무런 시간적 제한 없이 굴요리를 하지 못하게 하는 것은 채무자의 직업선택의 자유 등을 현저히 침해하는 것으로서 합리적인 시간적 제한 범위를 벗어나 무효라고 보아야 할 것이고, 위 규정은 사적자치의 한계를 벗어나는 것으로서 법원에 의한 내용통제, 즉 수정해석의 대상이 되는바, 이 사건 가맹계약의 유효기간이 2년인 점 등에 비추어 볼 때 위 경업금지규정은 이 사건 가맹계약의 해약 또는 종료 후 2년에 한하여 적용되는 조항으로 수정된 범위 내에서 유효한 조항으로 유지될 수 있다고 봄이 상당하다…

따라서, 적어도 동일한 장소에서 동종의 영업을 하는 경우에는 종전 가맹계약 기간의 범위 내에서는 계약 종료 후에도 경업금지 의무 약정이 유효할 수 있다고 이야기할 수 있습니다. 물론, 가맹사업의 업종과 당시의 구체적 상황에 따라 결론은 달라질 수 있으므로, 계약 조항의 설정 및 관련 분쟁 시 전문가의 조언은 필수입니다.

### 계약 종료 후 경업금지 의무 위반 시 민사적 조치는?

가맹계약서에 가맹점사업자가 경업금지 의무를 위반했을 때, 해당 가맹점사업자를 상대로 영업금지 가처분 신청이 가능합니다. 이때 주요 쟁점은 계약 종료 후 경업금지 의무 조항의 유효성이 되고, 이에 대해서는 앞서 살펴본 바와 같습니다.

한편, 가맹본부는 계약상 위약금 내지 위약벌 조항이 있다면 이를 근거로 위약금이나 위약벌 지급을 청구할 수 있습니다. 이 경우 경업금지 의무 위반에 해당한다고 인정될 경우, 그 다음 쟁점으로 액수가 과다한지 여부가 쟁점이 됩니다. 과다한 액수는 위약벌의 경우 일부 무효, 위약금은 감액될 수 있으며, 과다한 위약금 부과 행위는 불공정거래행위에 해당할 수도 있는데요, 이 부분에 대한 자세한 내용은 이 책 '3-3. 5 위약금: 관계의 파국을 막는 안전장치' 부분을 참조해주세요.

**일정한 조건이 충족되면 부정경쟁방지법상 조치도 가능합니다.**

단순히 경업금지 조항 위반을 넘어, 계약 종료 후 가맹점사업자가 **가맹본부의 상호, 영업표지, 메뉴, 인테리어 등을 사실상 그대로 모방**하여 영업함으로써 소비자들이 해당 사업자를 가맹본부의 가맹점으로 **오인**하게 하거나, 본부의 영업 성과를 **무단으로 도용**하는 경우, 가맹본부는 가맹점사업자의 부정경쟁방지법 위반을 이유로 가처분, 금지청구, 손해배상, 형사 고소 등 각종 조치를 취할 수 있습니다.

예를 들어, 가맹점 계약이 종료되었음에도 가맹점 상호를 계속 사용하는 것은 소비자 혼동을 일으킬 수 있어 상호 사용 금지 및 손해배상 의무가 인정될 수 있습니다. 다만, 이 경우 구체적인 '혼동 가능성' 및 '무단 도용'에 대한 명확한 입증이 필요하므로 법률 전문가의 도움이 필수적입니다.

### 핵심 정리

- ✔ 가맹점사업자의 '계약 기간 중 경업금지 의무'는 가맹사업법상 당연한 의무.
- ✔ '계약 기간 종료 후 경업금지 의무'는 계약서에 명시적인 조항 필요.
- ✔ 계약 기간 종료 후 경업금지의 경우 기간, 지역, 대상 업종 등을 합리적인 범위 내로 설정.
- ✔ 비밀유지약정의 경우 가맹본부의 보호할 가치 있는 영업비밀이 무엇인지를 명확히 규정. 위약금 내지 위약벌 설정은 합리적 범위 내에서.
- ✔ 구체적 조항 설정 시 가맹거래사, 변호사 등 전문가 조언을 받을 것!

## 7-4 가맹점사업자가 가맹본부의 정책을 잘 지키지 않습니다… 중도 해지 또는 갱신을 거절해도 될까요?

**사장님:** 가맹거래사님, 안녕하세요. 이번에는 가맹본부 정책을 잘 지키지 않는 점주를 어떻게 해야 할지 고민이 되서 찾아왔습니다. 우리 버거는 패티가 핵심이고, 그중에서도 패티를 굽는 시간이 중요합니다. 불맛과 육즙은 일정한 강도의 불에서 일정한 시간 동안 구워줘야 제대로 발현되거든요. 그런데 전가맹 씨는 우리가 알려준 시간대로 구우면 너무 '오버쿡'되서 고객들이 컴플레인을 제기한다면서, 자신은 우리가 알려준 시간보다 훨씬 짧은 시간 동안만 패티를 구울 수밖에 없다고 고집을 부리고 있습니다… 그래서 본부에서 몇 차례에 걸쳐 서면을 보내고 슈퍼바이저를 보내 시정을 요구했지만 여전히 고집을 꺾지 않고 있네요. 사실 가맹본부의 다른 정책들도 고집부리며 잘 따르지 않아서 계속 거래는 힘들겠다는 생각을 하던 중이었는데요, 계약기간도 얼마 남지 않아서 중도 해지하기보다는 갱신 거절을 하고자 하는데, 가능할까요?

**가맹거래사:** 혹시 전가맹 씨의 의견에 대하여 검증은 해보셨나요?

**사장님:** 물론이죠. 우리 교육 실습장에 본부 사람들과 전가맹 씨를 모셔놓고, 전가맹 씨가 굽는 방식대로 구운 패티와 우리 본부의 매뉴얼에 따라 구운 패티를 무작위로 선정한 10명의 임직원들에게 주고 블라인드 테스트를 해봤습니다. 그런데, 10명 중 8명이 우리 본부의 매뉴얼대로 구운 패티로 만든 햄버거가 더 맛있다고 하더라구요. 패티 자체의 육즙이나 육향의 정도 평가에서는, 10명 전부가 본부 레시피 대로 구운 패티 쪽이 더 낫다고 평가했습니다. 그런데도, 여전히 전가맹 씨는 자신의 방식을 고집하고 있으니…

**가맹거래사:** (놀란 표정으로) 그 정도면 전가맹 씨가 가맹본부의 방침을 합리적 이유 없이 불이행하였음이 명백해 보입니다. 그렇다면 갱신 거절 절차를 진행해볼 필요가 있는데요, 저희가 함께 만들었던 계약서상 갱신 거절

통지기간은 최소 90일이었던 것으로 확인되는데, 현재 전가맹 씨 계약기간이 얼마나 남았는지 아시나요?

**사장님:** 한 4개월 정도 남았습니다.

**가맹거래사:** 계약 종료일까지 90일은 넘게 남았군요. 가맹점사업자의 갱신요구권은 최초 계약 시부터 10년간 보장되는데 가맹본부 설립한 지 10년이 되지 않았으니 전가맹 씨의 경우 원칙적으로는 갱신요구권이 인정되고, 이 경우 가맹본부는 엄격한 사유에 한하여 갱신 거절이 가능합니다. 다만, 전가맹 씨의 경우라면 법상 갱신 거절 사유 중 '판매하는 상품이나 용역의 품질을 유지하기 위하여 필요한 제조공법 또는 서비스기법의 준수에 관한 사항'을 지키지 아니한 경우에 해당함을 들어 갱신을 거절하는 것도 충분히 가능해 보입니다.

**사장님:** 그렇군요. 그럼 이후 절차는 어떻게 되나요?

**가맹거래사:** 계약 종료일로부터 90일 전까지 서면으로 갱신 거절 통지를 하셔야 합니다. 제가 초안을 작성해 드릴게요.

**상생버거 가맹본부 내용증명**

**발신자:** 상생버거 가맹본부
**수신자:** 전가맹(XX점)
**주소:** C시 CC동 버거세상로 137, 1층

**제목:** 갱신 거절 통지
**내용:**
- 귀하의 무궁한 발전을 기원합니다.
- 당사는 귀하가 당사의 중요 정책 중 하나인 '패티 굽기' 방식을 준수하지 않는 점에 대하여 2024. 9.경부터 5회에 걸쳐 서면 및 구두로 시정을 요청하였으나, 이를 이행하지 않고 여전히 본사의 정책을 위반하고 있습니다. 이에 당사는 귀하와의 가맹거래를 더 이상 존속하기 어렵다고 보아 본 통지를 통해 갱신이 불가함을 통지하며, 이에 따라 귀하와의 가맹계약은 계약종료일인 2025. 12. 31. 종료됨을 알려드립니다.

• 본 통지에 대하여 귀하의 의견이 있다면 보내주시기 바랍니다.
• 그동안 귀하의 노고에 감사합니다.

2025년 9월 23일
상생버거 대표 김버거(인)

**사장님:** 감사합니다. 그래도 초창기부터 함께 해온 사장님인데 이렇게 계약을 종료하려 하니 마음이 편하지만은 않습니다. 공문만 보면 가맹점사업자도 마음이 상하실 것 같아요.

**가맹거래사:** 그래도 중요한 정책을 고의적으로 지키지 않고 시정도 하지 않는 가맹점사업자까지 함께 가시는 것은 가맹본부의 정책을 준수하는 다른 가맹점사업자와의 관계에서 더 적절하지 않다고 생각합니다. 다른 가맹점사업자들을 생각하면 이번 갱신 거절은 하셔야 할 일을 하시는 것으로 생각하시는 것이 맞습니다.

**사장님:** 전가맹 씨가 위 공문을 받고 갱신을 요구해도 계약은 종료되는 것이죠?

**가맹거래사:** 갱신요구권이 없기 때문에 계약은 원칙적으로 종료됩니다. 그리고 이번 사안은 본사의 정책이 브랜드 통일성을 위해 필요한 것으로 보이고, 가맹점사업자의 정책 미이행이 명백하므로 갱신 거절이 신의칙이나 권리남용으로 인정되어 불가능해질 가능성도 낮다고 생각됩니다.

**사장님:** 네, 알겠습니다. 감사합니다!

**가맹점사업자의 갱신요구권은 원칙적으로 10년간 보장**

가맹사업법은 상당액의 초기 투자비를 부담한 가맹점사업자의 투자자본 회수 기회를 안정적으로 보장하기 위해 위해 특별한 법정의 사유가 없는 한 10년간 '계약갱신요구권'을 보장합니다(※ 대리점법에는 갱신요구권이 인정되지 않음). 가맹본부는 가맹점사업자가 가맹계약기간 만료 전 180일부터 90일까지 사이에 갱신을 요구하는 경우 정당한 사유 없이 이를 거절하지 못합니다.
이러한 계약갱신요구권은 최초 가맹계약기간을 포함한 전체 가맹계약기간이 **10년을 초과하지 아니하는 범위 내에서만** 행사할 수 있습니다.
다만, 갱신요구권이 인정되는 기간 내라도 다음과 같은 사정이 있다면, 가맹본부는 이를 입증하여 갱신을 거절할 수 있습니다.

**관련 법 조항**

**〈가맹사업법〉**

**제13조(가맹계약의 갱신 등)** ① 가맹본부는 가맹점사업자가 가맹계약기간 만료 전 180일부터 90일까지 사이에 가맹계약의 갱신을 요구하는 경우 정당한 사유 없이 이를 거절하지 못한다. 다만, 다음 각 호의 어느 하나에 해당하는 경우에는 그러하지 아니하다.

1. 가맹점사업자가 가맹계약상의 가맹금 등의 지급의무를 지키지 아니한 경우
2. 다른 가맹점사업자에게 통상적으로 적용되는 계약조건이나 영업방침을 가맹점사업자가 수락하지 아니한 경우
3. 가맹사업의 유지를 위하여 필요하다고 인정되는 것으로서 다음 각 목의 어느 하나에 해당하는 가맹본부의 중요한 영업방침을 가맹점사업자가 지키지 아니한 경우

가. 가맹점의 운영에 필요한 점포 · 설비의 확보나 법령상 필요한 자격 · 면허 · 허가의 취득에 관한 사항
나. 판매하는 상품이나 용역의 품질을 유지하기 위하여 필요한 제조공법 또는 서비스기법의 준수에 관한 사항
다. 그 밖에 가맹점사업자가 가맹사업을 정상적으로 유지하기 위하여 필요하다고 인정되는 것으로서 대통령령으로 정하는 사항

**〈가맹사업법 시행령〉**

**제14조(가맹계약의 갱신 거절사유 등)** ① 법 제13조제1항제3호다목에서 "대통령령으로 정하는 사항"이란 다음 각 호의 어느 하나에 해당하는 사항을 말한다.

1. 가맹본부의 가맹사업 경영에 필수적인 지식재산권의 보호에 관한 사항
2. 가맹본부가 가맹점사업자에게 정기적으로 실시하는 교육 · 훈련의 준수에 관한 사항. 다만, 가맹점사업자가 부담하는 교육 · 훈련 비용이 같은 업종의 다른 가맹본부가 통상적으로 요구하는 비용보다 뚜렷하게 높은 경우는 제외한다.

### 10년 초과 장기 운영 점주와의 갱신 거절의 경우?

가맹점사업자가 최초 계약일부터 **10년을 초과하여 가맹사업을 운영한 경우**, 가맹사업법상 '갱신요구권'은 더 이상 보장되지 않으므로, 이 경우 본부는 원칙적으로 특별한 사유없이 가맹점사업자의 갱신 요구를 거절할 수 있습니다.

다만, 점주의 귀책사유가 불분명한 상황에서 경미한 위반을 트집잡아 이를 시정하지 않았다는 이유로 갱신 거절이 이루어진 경우와 같이 해당 갱신 거절이 '신의칙에 반하여 허용될 수 없는 특별한 사정'이 있다고 보아 예외적으로 위법하다고 인정될 수 있음을 주의할 필요가 있습니다(대법원 2020. 7. 23. 선고 2019다289495 판결). 위 사례는 치킨 가맹본부와 12년간 계약 중인 가맹점사업자가 간장양념을 분무기로 사용했다는 점을 들어 2차례 시정 후 갱신을 거절한 사안으로, 법원은 1심부터 대법원까지 일관하여 가맹본부의 위와 같은 갱신 거절이 위법하다고 보았는데, 그중 대법원은 다음과 같은 이유를 설시하였습니다.

> "가맹사업거래의 공정화에 관한 법률(이하 '가맹사업법'이라고 한다) 제13조 제2항은 "가맹점사업자의 계약갱신요구권은 최초 가맹계약기간을 포함한 전체 가맹계약기간이 10년을 초과하지 아니하는 범위 내에서만 행사할 수 있다."라고 규정하고 있다. 계속적 계약관계에 해당하는 가맹사업(프랜차이즈) 계약관계에서 가맹사업법상의 위 계약갱신요구권 행사기간이 경과하였고, 가맹계약에 계약의 갱신 또는 존속기간의 연장에 관하여 별도의 약정이 없거나 그 계약에 따라 약정된 가맹점사업자의 계약갱신요구권 행사기간마저 경과한 경우에는, 당사자가 새로이 계약의 갱신 등에 관하여 합의하여야 한다. 그 경우 가맹본부는 가맹점사업자의 갱신요청을 받아들여 갱신 등에 합의할 것인지 여부를 스스로 판단 · 결정할 자유를 가진다. 다만 가맹본부의 갱신 거절이 당해 가맹계약의 체결 경위 · 목적이나 내용, 그 계약관계의 전개 양상, 당사자의 이익 상황 및 가맹계약 일반의 고유한 특성 등에 비추어 신의칙에 반하여 허용되지 아니하는 특별한 사정이 있는 경우에는 그러하지 아니하다…(중략)
>
> …앞서 본 법리에 위와 같은 사실 내지 사정을 비추어 살펴보면, 비록 원고가 피

고와 가맹계약을 체결한 지 10년이 경과하여 가맹사업법상 계약갱신요구권 내지 가맹계약상 계약갱신요구권이 인정되지 않는 경우라고 하더라도, 피고의 위와 같은 가맹계약 갱신 거절에는 신의칙에 반하여 허용될 수 없는 특별한 사정이 있다고 보인다."

## 그렇다면, 10년이 지나도 가맹본부의 갱신 거절은 불가능한 것인지?

정답은 '그렇지 않다' 입니다. 최근 유명 버거 가맹본부가 계약체결 후 10년이 지난 가맹점사업자를 상대로 한 갱신 거절의 적법성이 문제된 사례에서, 법원은 '가맹본부가 가맹점사업자에 대하여 **매년 '점주 및 운영자 평가'를 실시**하였는데 해당 평가 항목과 절차가 공정성과 객관성을 담보될 수 있도록 구성되었고, 위 평가는 객관적으로 확인 가능한 실체적 내용을 근거로 이루어진 것이라는 점, 갱신이 거절된 가맹점사업자들은 위 평가를 통과하지 못했다는 점' 등을 들어 위 평가에 따라 이루어진 가맹본부의 갱신 거절은 적법하다고 보았습니다(서울중앙지방법원 2025. 4. 10. 선고 2023가합58037 판결). 위 법원이 점주 및 운영자 평가가 공정성과 객관성이 담보될 수 있도록 구성되었다고 본 사유는 다음과 같습니다.

- 사전에 원고들에게 가맹점들에 대하여 매년 위 평가가 실시된다는 것을 설명하였고,
- 위 평가 실시일로부터 약 35~40일 전에 평가를 실시할 예정이라는 사실을 통지하였으며,
- 약 7~10일 전에는 실시일에 진행할 구체적인 점검 순서 및 점검 항목을 가맹점사업자에게 공유한 점,
- 위 평가 실시 후에는 그 결과 및 이에 대하여 이의 신청이 가능하다는 점도 통지한 점.

따라서, 계약체결일로부터 10년이 지난 가맹점사업자의 경우, 가맹본부가 객관적으로 구성된 평가 기준에 따라 갱신 거절 여부를 결정하였다면 해당 갱신 거절은 적법하게 평가될 수 있습니다.

## 핵심 정리

- ✓ 최초 계약 시부터 10년간은 원칙적으로 갱신 거절 불가.
- ✓ 계약 위반, 영업방침 미수락 등 사유가 존재할 경우에만 예외적으로 가능.
- ✓ 10년 경과 시 갱신 거절 원칙적으로 가능하나, 신의칙에 반하는 특별한 사정이 있는 경우 위법.
- ✓ 점주에 대하여 합리적 평가 제도를 만들어 그 평가에 따라 이루어진 갱신 거절은 합법.

PART 08

# 에필로그.
# 끈기가 브랜드를 만들고,
# 진심이 시스템을 완성한다

그날도 평소처럼 본사 사무실에서 일과를 정리하던 늦은 오후였다. 김버거 사장은 방금까지 예비 가맹점사업자와의 상담 전화를 마치고, 다음 시즌 한정 메뉴 시안에 대한 내부 시식회 일정을 조율하던 참이었다. 창가에 앉아 커피 한 모금을 마시며 한숨 돌리는 순간, 책상 위 휴대폰에서 낯선 해외 번호가 울렸다. +1. 미국이었다. 순간, 몇 년 전 그가 미국 여행 중 샌프란시스코에서 만났던 현지 외식 사업가 친구가 떠올랐다. 반가움과 약간의 긴장감이 섞인 채 전화를 받자, 익숙한 영어 억양의 목소리가 들려왔다.

그 순간, 김 사장님의 심장이 조용히 두근거렸다. 짧은 통화를 마치고 사무실 유리창을 열자, 따뜻한 바람과 함께 오래된 기억들이 밀려들었다. 대학을 졸업하자마자 떠난 미국 여행 한 달. 그는 말 그대로, 버거의 본고장에서 '진짜'를 찾아 나섰던 시절이었다. 여행이라기보다 연구였고, 취미라기보다 실험에 가까웠다. 샌프란시스코, 시카고, 뉴욕, LA, 텍사스… 도시마다 버거의 결이 달랐고, 번과 패티, 감자튀김 굽는 온도, 다양한 소스의 맛 하나하나까지 그는 집요하게 기록했다. 하루에 다섯 군데, 여섯 군데를 돌며 버거만 먹는 일정이 반복되자 위장은 점점 망가졌고, 그는 이따금 병원 신세까지 져야 했다. 그래도 멈추지 않았다. 왜냐하면 그는 알고 있었기 때문이다. 진짜 브랜드는 입으로가 아니라, 몸으로 만든다는 것을.

그가 가장 집착했던 건 소스였다. 패티의 육즙이나 번의 식감보다도, 혀끝에 오래 남는 그 미묘한 깊이. 어느 날 밤엔, 뉴욕의 한 골목에 있는 유명 수제버거 가게의 뒷문을 몰래 찾았었다. 마감 후 쓰레기봉투 속에서 그는 찢긴 소스 병 라벨, 바베큐 소스 용기, 낯선 향신료 병 조각을 꺼내들었다. 누군가 봤다면 미친 짓처럼 보였을지 모르지만, 그는 그곳에서야말로 진짜 맛의 실마리를 발견했다고 느꼈다. 라벨 하나를 손에 쥔 채 주방 직원과 눈이 마주쳤던 순간도 있었다. 그는 부끄러워하지 않았다. 오히려 자랑스러웠다. 그날 이후, '쓰레기통 속에서 진주를 찾았다'는 말이 그의 농담이자 고백이 되었다.

결국 무리한 여정은 그의 몸을 무너뜨렸고, 샌디에이고의 병원에서 위염과 탈수 진단을 받았다. 의사는 걱정스러운 얼굴로 "계속 이렇게 하면 장기

손상도 올 수 있다."라고 경고했지만, 병실에 누운 그의 머리 속에는 온 종일 버거 맛의 특징, 이상적인 소스 비율, 고객 동선 등 직접 겪었던 기억들이 떠나지 않았다. 그에겐 먹고 보고 듣는 모든 것이 수업이었다. 같은 호스텔에 묵던 캐나다 친구가 물었다.

***"버거 가게 하나 차릴 거면서 왜 이렇게까지 해?"***

그때 그는 조용히 웃으며 이렇게 답했다.

**"나는 누군가의 하루를 바꿀 수 있는 버거를 만들고 싶어. 진심으로."**

그가 미국에서 돌아오던 날, 공항 게이트 앞에서 자신만의 상상을 그렸다. '상생버거' 간판이 걸린 매장이 뉴욕 브루클린 골목에, 도쿄 하라주쿠 거리 모퉁이에, 파리의 마레 지구 광장에 차려지는 장면을.

*'언젠가 내 버거도 저 맥도날드처럼 전 세계에 퍼질 수 있을까?'*

그는 대답 대신 조용히 손바닥을 말아쥐었다.

*'할 수 있다. 그 대신 진심으로. 끝까지.'*

그리고 몇 년의 시간이 지금, 그는 샌프란시스코에서 만났던 현지 외식 사업가의 전화를 받은 것이다. "상생버거를 미국 LA에 오픈하고 싶다."라는 제안. 마치 그가 샌프란시스코 뒷골목에서 꺼낸 그 라벨처럼, 현실이 되기엔 너무도 아름다웠던 꿈이, 지금은 구체적인 사업 제안서로 그의 책상 위에 놓여져 있다.

**"왜 프랜차이즈를 하려는 건가요?"**

예전에 가맹거래사가 던졌던 질문이 다시 머릿속을 맴돈다. 그때처럼, 그는 오늘도 속삭인다.

**"누구나, 나처럼 만들 수 있어야 하니까요."**

그는 이제 맛있는 버거를 만드는 사람이 아니라, 버거를 통해 누군가의 내일을 설계하는 사람이다. 상생버거는 이제 단순한 맛집이 아니다. 브랜드는 누군가의 창업이 되고, 가맹점사업자의 성장 시스템이 되며, 고객의 일상을 바꾸는 경험이 된다. 그는 내일도 수십 통의 메시지를 확인하고, 가맹점사업자 교육 자료를 손보고, 메뉴 개발팀과 회의를 반복하며 브랜드의 내일을 설계할 것이다. 책임은 무겁지만, 그는 안다. 자신은 누구보다 오래 기다렸고, 깊이 사랑했으며, 지금 이 순간도 진심으로 브랜드를 만들고 있다는 것을.
그리고 그는 조용히 되뇐다. 스스로를 여기까지 이끈 단 하나의 문장.

**"끈기가 브랜드를 만들고, 진심이 시스템을 완성한다."**

*"이 세상 무엇도 끈기를 대신할 순 없습니다.*
*재능? 재능은 있는데 성공하지 못했다는 사람들로*
*세상은 차고도 넘칩니다.*
*천재성? 불운의 천재란 표현도 평계에 불과하죠.*
*지식? 세상은 공부만 많이 한 명석이들로 가득합니다.*
*오직 끈기와 투지만이 강력한 힘을 가집니다."*

**— 레이 크록, 파운더 中**

## 저자 소개

### 권민준

(현) JK 가맹거래사그룹 대표

(현) (사)대한가맹거래사협회 글로벌 사업국장

(현) 서울특별시 공정거래종합상담센터 법률상담관

(전) (주)남문통닭 부대표

세종대학교 경영전문대학원 FCMBA(프랜차이즈 경영) 석사

서울시립대 경제학과 졸업

제22회 가맹거래사 자격시험 합격

### 김근호

(현) (주)한솥 사업본부 개발팀

(현) (사)대한가맹거래사협회 대구/경북지회 지회장

(전) (주)원팀 읍천리382 가맹사업부 부장

세종대학교 경영전문대학원 FCMBA(프랜차이즈 경영) 석사

계명대학교 사회체육학과 졸업

제22회 가맹거래사 자격시험 합격

### 김민규

(현) 법무법인 해송 변호사

(현) 공정거래위원회 적극행정위원

(현) 공정거래위원회 2030 자문위원

(전) 육군검찰단 군검사

전남대학교 법학전문대학원 졸업

제10회 변호사시험 합격

제22회 가맹거래사 자격시험 합격

**윤수진**

(현) 법무법인 태하 변호사

이화여자대학교 법과대학 졸업

전북대학교 법학전문대학원 졸업

제12회 변호사시험 합격

제22회 가맹거래사 자격시험 합격

**전민재**

(현) 법무법인 트리니티 파트너 변호사

(현) (사)대한가맹거래사협회 사업자단체국장

(현) 인천시 가맹거래분쟁조정협의회 위원

(전) 법무법인(유한) 태평양 공정거래그룹

연세대학교 법과대학 졸업

사법연수원 40기

제22회 가맹거래사 자격시험 합격

프랜차이즈 본부로 성장하기

초판발행 2025년 9월 15일

지은이 권민준·김근호·김민규·윤수진·전민재
펴낸이 안종만·안상준

편 집 장유나
기획/마케팅 김한유
표지디자인 권아린
제 작 고철민·김원표

펴낸곳 (주) 박영사
서울특별시 금천구 가산디지털2로 53, 210호(가산동, 한라시그마밸리)
등록 1959.3.11. 제300-1959-1호(倫)
전 화 02)733-6771
f a x 02)736-4818
e-mail pys@pybook.co.kr
homepage www.pybook.co.kr
ISBN 979-11-303-2404-3 03320



정 가 18,000원